THE SCHOOL OF OBEDIENCE

순종의 학교

세계기독교고전 58

순종의 학교

1판 1쇄 발행 2018년 3월 9일

발행인 박명곤
사업총괄 박지성
편집 전두표, 신안나
디자인 송미현, 디자인집
마케팅 김민지
재무 김영은
펴낸곳 CH북스
출판등록 제406-1999-000038호
전화 031-911-9864 **팩스** 031-944-9820
주소 경기도 파주시 회동길 37-20 CH그룹사옥 4층
홈페이지 www.chbooks.co.kr **이메일** ch@chbooks.co.kr
페이스북 @chbooks1984 **인스타그램** @chbooks1984

ⓒ CH북스 2018

세계
기독교
고전

58

THE SCHOOL OF OBEDIENCE

순종의 학교

앤드류 머레이 | 김원주 옮김

CH북스
크리스천
다이제스트

세계 기독교 고전을 발행하면서

한국에 기독교가 전해진 지 벌써 100년이 넘었습니다. 그동안 수많은 기독교 서적들이 간행되어 한국의 교회와 성도들에게 많은 공헌을 해 왔습니다. 그러나 기독교 역사 100년을 넘어선 우리의 교회와 성도들에게 더 큰 영적 성숙과 진정한 신앙을 심어주기 위해서는 가치있는 기독교 서적들이 많이 나와야 한다고 생각합니다. 그리하여 영혼의 양식이 될 수 있는 훌륭한 기독교 서적들이 모든 성도들의 가정뿐만 아니라 믿지 아니하는 가정에도 흘러 넘쳐야만 합니다.

믿는 성도들은 신앙의 성장과 영적 유익을 위해서 끊임없이 좋은 신앙 서적들을 읽고 명상해야 하며, 친구와 이웃 사람들의 구원을 위하여 신앙 서적 선물하기를 즐기고 읽도록 권해야 할 것입니다. 이것은 하나님의 백성으로서 살기 원하는 사람은 누구나 마땅히 해야 할 의무라고도 하겠습니다.

존 웨슬리는 "성도들이 책을 읽지 않는다면 은총의 사업은 한 세대도 못가서 사라져 버릴 것이다. 책을 읽는 그리스도인만이 진리를 아는 그리스도인이다"라고 말했습니다. 우리는 이제 한국에서 최초로 세계의 기독교 고전들을 총망라하여 한국의 교회와 성도들에게 소개하고자 합니다. 전세계의 기독교 고전은 모든 기독교인들에게 영원한 보물이며, 신앙의 성숙과 영혼의 구원을 위하여 이보다 더 귀한 것은 없을 것입니다.

　이러한 취지로 어언 2천여 년의 세월이 지나는 동안 세계 각국에서 저술된 가장 뛰어난 신앙의 글과 영속적 가치가 있는 위대한 신앙의 글만을 모아서 세계기독교 고전 전집으로 편찬하고자 합니다.

　우리는 이 세계 기독교 고전 전집을 알차고, 품위있게 제작하여 오늘날 한국의 교회와 성도들에게 제공하고 후손들에게도 물려줄 기획을 하고 있습니다. 우리는 다시 한번 다니엘 웹스터가 한 말을 깊이 생각해 보아야 할 것입니다.

"만약 신앙 서적들이 우리 나라 대중들에게 광범위하게 유포되지 않고, 사람들이 신앙적으로 되지 않는다면, 우리나라가 어떤 나라가 될지 걱정스럽다 … 만약 진리가 확산되지 않는다면, 오류가 지배할 것이요, 하나님과 그의 말씀이 전파되고 인정받지 못한다면, 마귀와 그의 궤계가 우세할 것이요, 복음의 서적들이 모든 집에 들어가지 못한다면, 타락하고 음란한 서적들이 거기에 있을 것이요, 우리나라에서 복음의 능력이 나타나지 못한다면, 혼란과 무질서와 부패와 어둠이 끝없이 지배할 것이다."

독자들의 성원과 지도 편달을 바라마지 않습니다.

CH북스
발행인 박명곤

차 례

서 문

은혜로우신 아버지 하나님께서 청년들을 교훈하고 힘을 북돋우는 일에 기쁘게 써 주시기를 간절히 구하면서 순종에 대한 이 설교를 출판합니다. 교회와 세상의 아주 많은 부분이 바로 이 청년들의 순종과 헌신에 달려 있습니다. 모든 은혜의 하나님께서 이 설교들에 풍성한 복을 베풀어주시기 구합니다!

사경회를 마친 후에 혹은 심지어 책을 쓴 후에, 마치 사람이 그동안 몰두했던 진리의 의미와 중요성을 그때서야 비로소 보기 시작하는 것 같은 일이 종종 일어납니다. 그와 같이 저도 하늘에 계신 아버지 하나님에 대한 참되고 온전한 순종의 생활의 영적 성격, 절대적인 필요성, 실제적인 가능성, 말로 다할 수 없는 복됨을 그동안은 전혀 파악하지 못했고 제대로 설명하지도 못했던 것처럼 느껴집니다. 그래서 저는 마음에 강렬하게 와 닿은 요점들을 모아 몇 문장으로 정리해 독자들이 책을 읽기 시작할 때 그 요점들을 그리스도의 순종의 학교에서 배울 중요한 교훈들로 알고 주의하라고 말씀드립니다.

하늘 아버지께서는 자기의 모든 자녀에게 날마다 그리고 하루 종일 하나님께 온전한 순종을 바칠 것을 부탁하고 요구하며 실제로 기대하십니다.

아버지께서는 자기 자녀가 그와 같이 할 수 있도록 하기 위해 새 언약의 약속을 통해서 그리고 자기 아들과 성령을 선물로 보내심으로써 지극히 풍성하고 충족한 준비를 하셨습니다.

이 준비는 남의 힘을 빌리지 않고도 확실하게 누릴 수 있습니다. 그리고 이 약속들은 삼위 하나님과 지속적으로 교제하는 생활을 하고, 그래서 하나님의 임재와 능력이 그 생활에 하루 종일 작용하는 사람에게서 성취될 수 있습니다.

이런 생활을 시작하려면 절대적인 순종 혹은 온전한 순복의 서약이 필요합니다. 다시 말해 하나님을 기쁘시게 하고 하나님의 뜻에 맞는 것만을 매 순간 생각하고 말하며 행동하고 또 그런 사람이 되겠다고 맹세하는 순종의 서약이 필요합니다.

이런 일들이 정말로 사실이라면, 거기에 동의하는 것으로는 충분하지 않습니다. 우리는 이런 일들의 영광과 신성한 능력을 보고 또 이런 일들이 우리에게 즉각적이고 무조건적인 순종을 요구하며, 하나님께서 우리를 위해 하려고 하시는 모든 것을 우리가 받아들이기 전에는 안식이 있을 수 없다는 사실을 분명히 알게 하시는 성령님이 필요합니다.

하나님께서 우리에 대한 하나님의 사랑의 뜻을 성령의 빛으로 깨닫게 하셔서 우리가 이 하늘의 환상에 불순종하는 일이 없게 해주시기를 우리 모두 기도합시다.

제 1 장

순종: 성경에서 순종의 위치

"내가 네게 명령한 것이 아니냐?" — 여호수아 1:9

성경의 어떤 말씀이나 그리스도인 생활의 어떤 진리를 연구할 때, 그것이 성경에서 차지하는 위치를 조사해 보는 것은 큰 도움이 됩니다. 그 말씀이나 진리가 어디에서, 얼마나 자주 그리고 어떤 관계에서 나오는지 보면, 계시 전체에 있어서 그 의미뿐 아니라 그것의 상대적인 중요성도 알 수가 있습니다. 저는 1장에서 순종에 대한 하나님의 뜻을 보기 위해 하나님 말씀에서 어디로 가야 하는지를 보여주면서 순종이 무엇인지에 대한 연구를 시작하겠습니다.

성경 전체를 살펴봄

에덴 동산에서부터 시작하겠습니다. 창세기 2:16에서 우리는 이 말씀을 읽습니다. "여호와 하나님이 그 사람에게 명하여 이르시되." 또 후에는 이렇게 말씀하셨습니다(3:11). "내가 네게 먹지 말라 명한 그 나무 열매를 네가 먹었느냐?"

이 명령에 대한 순종이 낙원의 유일한 덕이고, 사람이 거기에 거할 수 있는 유일한 조건이며, 창조주께서 사람에게 요구하시는 단 한 가지라는 점에 주의하기 바랍니다. 믿음이나 겸손 혹은 사랑에 대한 말은 전혀 없습니다. 순종에 모든 것이 담겨 있습니다. 사람의 운명을 결정하게 되어 있는 유일한 것으로서 이 순종에 대한 요구는 하나님의 당연한 요구와 권위인 만큼 지극히 중요한 것입니다. 사람의 인생에서 유일하게 필요한 한 가지는 순종입니다.

이제 성경의 처음에서 눈을 돌려 마지막을 봅시다. 성경의 마지막 장에서 여러분은 이 말씀을 읽습니다(계 22:14). "하나님의 명령을 행하는 자들은(개역개정은 '자기 두루마기를 빠는 자들은') 복이 있으니 이는 그들이 생명나무에 나아갈 권세를 받으려 함이로다." 혹은 또 다른 해석을 제공하는 ASV (American Standard Version) 성경의 번역을 받아들인다면 우리는 12장과 14장에서 같은 사상을 만납니다. 거기서 우리는 "하나님의 계명을 지키며 예수의 증거를 가진"(12:17) 여자의 자손과 "하나님의 계명과 예수에 대한 믿음을 지키는"(14:12) 성도들의 인내에 대해서 읽습니다.

처음부터 끝까지, 즉 실낙원에서 복락원에 이르기까지 이 법은 변하지 않습니다. 생명나무와 하나님의 은총에 이를 수 있게 하는 것은 순종뿐입니다.

만일 여러분이 어떻게 처음에 불순종으로 말미암아 생명나무에 이르는 길이 막히는 변화가 일어났고, 또 마지막에 다시 생명나무에 이를 수 있게 한 순종으로 나아가는 길이 열리게 되었는지 묻는다면, 시작과 마지막 사이 중간에 서 있는 것, 곧 그리스도의 십자가를 보기 바랍니다. 로마서 5:19과 같은 구절을 읽어보십시오. "한 사람이 순종하심으로 많은 사람이 의인이 되리라." 혹은 빌립보서 2:8-9, "자기를 낮추시고 죽기까지 복종하셨으니……이러므로 하나님이 그를 지극히 높여." 히브리서 5:8-9, "그가 아들이시면서도 받으신 고난으로 순종함을 배워서 …… 자기에게 순종하는 모든 자에게 영원한 구원의 근원이 되시고."

이 구절들을 읽으면 그리스도의 전(全) 구속이 순종을 제자리로 회복하는데 있다는 것을 알게 됩니다. 그리스도의 구원의 아름다움은 이 사실에 있습니다. 즉, 하나님께서 우리로 하여금 다시 순종의 생활을 시작할 수 있도록 하시는데, 이 순종의 생활을 통해서만 피조물이 창조주께 마땅히 돌려야 할 영광을 드리거나 창조주께서 피조물에게 나누어 주시려고 하는 영광을 받을 수 있다는 사실에 있습니다.

에덴 동산, 갈보리, 천국, 이 모든 것이 한 목소리로 선포합니다. "하나님의 자녀여, 여러분의 하나님께서 여러분에게 맨 처음으로 구하고 또 마지막으로 구하시는 것은 변치 않는 온전한 순종입니다."

구약을 살펴봄

하나님 나라의 역사에서 새로운 일이 시작될 때마다 언제나 순종이 아주 두드러지게 나타나는 점을 구약에서 살펴봅시다.

1. 인류의 새 조상인 노아의 경우를 보면, 다음의 말씀이 네 번에 걸쳐 기록된 것(창 6:22; 7:5,9,16)을 알 수 있습니다. "노아가 그와 같이 하여 하나님이 자기에게 명하신 대로 다 준행하였더라."

하나님께서 일을 맡기실 수 있고 사람들의 구주로 쓸 수 있는 사람은 바로 하나님께서 명하시는 대로 행하는 사람입니다.

2. 택한 족속의 조상인 아브라함의 경우를 살펴봅시다. "믿음으로 아브라함은 …… 순종하여"(히 11:8).

아브라함이 믿음으로 순종하는 이 학교에서 40년을 보냈을 때 하나님께서 오셔서 그의 믿음을 온전하게 하시고 하나님의 충만한 복으로 보답해 주셨습니다. 순종이라는 최고의 행위 외에는 그에게 이러한 복을 받게 할 수 있는 것은 아무것도 없었습니다. 아브라함이 아들을 제단에 묶었을 때, 하나님께서 오셔서 말씀하셨습니다(창 22:16-18). "여호와께서 이르시기를 내가 나를 가리켜 맹세하노니 …… 내가 네게 큰 복을 주고 네 씨가 크게 번성하여 …… 또 네 씨로 말미암아 천하 만민이 복을 받으리니 이는 네가 나의 말을 준행하였음이니라."

그 다음에 하나님은 이삭에게 이같이 말씀하셨습니다(26:3-5). "내가 네 아버지 아브라함에게 맹세한 것을 이루리라 …… 이는 아브라함이 내 말을 순종하였음이라."

여기서 우리가 하나님께서 순종을 말로 다할 수 없이 기쁘게 보시고, 순종에 말로 다할 수 없이 큰 보답을 내리신다는 것을 배울 수 있으면 좋겠습니다! 세상에 복이 되는 길은 순종의 사람이 되는 것입니다. 하나님과 이 세상은 자기 뜻을 완전히 버리고 하나님의 뜻을 따른다는 이 한 가지 표지를 보고서 순종의 사람임을 분별합니다. 아브라함의 뒤를 따르는 사람은 모두 이렇게 행해야 합니다.

3. 그 다음에는 모세를 봅시다. 시내 산에서 하나님은 모세에게 백성들에게 전할 메시지를 주셨습니다(출 19:5). "너희가 내 말을 잘 들으면 너희는 모든 민족 중에서 내 소유가 되겠고."

본질적으로 그렇게 될 수밖에 없습니다. 하나님의 거룩한 뜻은 하나님의 영광이자 완전함입니다. 따라서 하나님의 백성이 될 수 있는 것은 하나님의 뜻을 알고 순종함으로써만 가능합니다.

4. 하나님이 거하셨던 성소를 생각해 봅시다. 출애굽기 마지막 세 장에는 "모세가 그같이 행하되 곧 여호와께서 자기에게 명령하신 대로 다 행하였더라"(40:16)는 표현의 일부나 전체가 열아홉 번에 걸쳐 나옵니다. 그리고 그 다음에 "여호와의 영광이 성막에 충만하매"(40:34)라는 표현이 나옵니다. 바로 그와 같이 레위기 8장과 9장에서 제사장과 성막을 성별하는 일과 관련해서 같은 표현이 열두 번 나오는 것을 봅니다. 그리고 그 다음에 이 말씀이 나옵니다. "여호와의 영광이 온 백성에게 나타나며 불이 여호와 앞에서 나와 제단 위의 번제물과 기름을 사른지라."

하나님의 백성들이 전적으로 순종하여 일을 행하므로 하나님께서 그들 가운데 기쁘게 거하시며, 순종하는 자들에게 은총과 임재로 보답하신다는 것을 이 말씀들만큼 분명하게 보여주는 것은 없습니다.

5. 광야에서 40년간 방랑하고, 그로써 불순종의 열매가 얼마나 두려운지 보여 주신 후에, 이스라엘 백성들이 이제 곧 가나안 땅에 들어가려고 하는 새로운 시작이 또 한 번 있었습니다. 신명기를 읽으면서 모세가 가나안 땅을 바라보며 한 말을 전부 읽어보십시오. 그러면 성경에서 신명기만큼 "순종하다"는 말이 그처럼 자주 사용되고, 순종이 확실히 가져올 복에 대해서 그처럼 많이 말하는 책이 없다는 것을 발견할 것입니다. 신명기 전체는 이 말로 요약할 수 있습니다. "내가 오늘 복과 저주를 너희 앞에 두나니 너희가 만일……여호와의 명령을 들으면 복이 될 것이요 너희가 만일 …… 여호와의 명령을 듣지 아니하면 저주를 받으리라"(11:26-28).

그렇습니다. "순종하면 복을 받을 것입니다!" 바로 그것이 복된 생활의 요지입니다. 가나안이 순종의 땅이 되면 그곳은 낙원과 천국처럼 복된 땅이 될 수 있습니다. 하나님께서 우리에게 이 사실을 알 수 있게 해 주시기 구합니다! 그런데 복을 주시라고만 기도하지 않도록 주의하십시오. 우리는 순종하는 일에 마음을 씁시다. 그러면 하나님께서 우리에게 복 주시는 일에 마음을 쓰실 것입니다. 우리는 그리스도인으로서 어떻게 해야 내가 하나님께 온전히 순종하여 하나님을 기쁘시게 할 수 있을까 하는 이 한 가지 생각만 합시다.

6. 다음으로, 우리는 이스라엘에서 왕을 임명하는 일에서 새로운 시작을 봅니다. 사울의 이야기에서 우리는 하나님이 자기 백성의 통치자로 세우는 사람에게 철저하고 온전한 순종이 필요함에 관해 지극히 엄숙한 경고를 봅니다. 사무엘은 사울에게 자기가 가서 제사를 드리고 또 해야 할 일을 가르쳐 보일 때까지 7일을 기다리라고 명했습니다(삼상 10:8). 사무엘이 지체하자(13:8-14) 사울이 스스로 나서서 제사를 드렸습니다.

사무엘이 와서 말했습니다. "왕이 왕의 하나님 여호와께서 왕에게 내리신 명령을 지키지 아니하였도다 …… 지금은 왕의 나라가 길지 못할 것이라 여호와께서 왕에게 명령하신 바를 왕이 지키지 아니하였으므로."

하나님은 순종하지 않는 사람에게 영광을 주시려고 하지 않습니다.

사울은 자기 마음에 있는 바를 드러낼 두 번째 기회를 받았습니다. 그는 아말렉 족속에게 하나님의 심판을 실행하도록 보냄을 받았습니다. 그는 순종합니다. 군대 20만을 모아 광야로 들어가는 여행을 감행하여 아말렉을 도륙합니다. 그런데 하나님께서 사울에게 "그들의 모든 소유를 남기지 말고 진멸하라"(15:3)고 명령하셨지만 그는 가축 가운데 가장 좋은 것과 아각을 살려둡니다.

그러자 하나님께서 사무엘에게 이같이 말씀하십니다. "내가 사울을 왕으로 세운 것을 후회하노니 그가 …… 내 명령을 행하지 아니하였음이니라"(11절).

사무엘이 오자 사울은 두 번에 걸쳐 말합니다. "내가 여호와의 명령을 행하였나이다"(13절). "나는 실로 여호와의 목소리를 청종하였나이다"(20절).

그래서 많은 사람들은 그가 순종했다고 생각할 것입니다. 그러나 이 순종은 온전하지 않았습니다. 하나님은 정확하고 온전한 순종을 요구하십니다. 하나님께서는 "남기지 말고 진멸하라!"(3절)고 말씀하셨습니다. 사울은 이렇게 하지 않았습니다. 그는 하나님께 드릴 제사에 쓰기 위해 양들 가운데 가장 좋은 것을 남겨두었습니다. 이에 사무엘이 말하였습니다. "순종이 제사보다 낫고 …… 왕이 여호와의 말씀을 버렸으므로 여호와께서도 왕을 버렸나이다"(22-23절).

이것은 아주 많이 볼 수 있는 순종의 슬픈 유형입니다! 하나님의 명령을 일부분만 이행하는 것은 하나님께서 요구하시는 순종이 아닙니다. 하나님은 모든 죄와 모든 불순종에 대해 "남기지 말고 진멸하라!"고 하십니다. 하나님께서 우리가 지금 정말로 하나님에 대해서 철저히 행하고 있는지, 다시 말해 하나님의 뜻에 완전히 일치하지 않는 것은 하나도 남기지 않고 진멸하려고 하는지 알려주시기 구합니다. 하나님을 만족시켜 드릴 수 있는 것은 지극히 세세한 부분까지 전심으로 따르는 순종뿐입니다. 우리는 "제가 순종하였나이다" 하고 말하는데 하나님께서 "네가 여호와의 말씀을 버렸다"고 말씀하시지 않도록, 그보다 못한 순종에 만족하지 않도록 합시다.

7. 구약에서 한 말씀만 더 살펴봅시다. 신명기 다음으로 "순종하다"는 말이 많이 나오는 책은 예레미야서입니다. 물론 그 단어가 주로

백성이 순종하지 않았다고 불평하는 대목에서 나오기는 합니다. 하나님은 이스라엘의 조상들에 대한 자신의 처사를 이 한 마디로 요약하여 말씀하십니다. "내가 너희 조상들을 애굽 땅에서 인도하여 낸 날에 번제나 희생에 대하여 말하지 아니하며 …… 오직 내가 이것을 그들에게 명령하여 이르기를 너희는 내 목소리를 들으라 그리하면 나는 너희 하나님이 되리라"(7:22-23).

하나님께서 제사에 대해서, 심지어 자기의 사랑하시는 아들의 제사에 대해서 말씀하시는 것조차 모두 이 한 가지, 곧 자기의 피조물로 하여금 다시 온전한 순종에 이르게 하려는 목적에 종속된다는 사실을 우리가 배울 수 있으면 좋겠습니다. "나는 너희 하나님이 되리라"는 말씀의 지극히 놀라운 의미를 알 수 있는 길은 "내 목소리를 들으라"는 말씀대로 순종하는 것밖에 없습니다.

신약을 살펴봄

1. 신약에서 우리는 찬송 받으실 주님을 생각하고, 또 주께서 이 세상에 오신 단 한 가지 이유인 순종에 대해 부여하시는 높은 평가를 생각합니다. "내가 하나님의 뜻을 행하러 왔나이다"(히 10:9)는 말씀과 함께 세상에 들어오신 주님은 언젠가 사람들에게 "나는 나의 뜻대로 하려 하지 않고 나를 보내신 이의 뜻대로 하려 하느니라"(요 5:30)고 털어놓으셨습니다.

주님은 자신이 행하신 모든 일에 대해서, 또 겪으신 모든 고난에 대해서, 심지어 죽으신 것에 대해서까지 "이 계명은 내 아버지에게서 받았노라"(10:18)고 말씀하셨습니다.

주님의 가르침을 살펴보면, 우리는 주께서 드리신 순종이 바로 주님의 제자가 되려고 하는 모든 사람에게 요구하시는 것임을 도처에서 발견합니다.

주님의 사역의 모든 기간 동안 처음부터 끝까지 순종이 구원의 핵심입니다. 산상수훈에서 주님은 순종으로부터 시작하셨습니다. "하늘에 계신 내 아버지의 뜻대로 행하는 자"(마 7:21) 외에는 아무도 천국에 들어갈 수 없다고 하셨습니다. 그리고 고별 강화(講話)에서 주님은 순종이 사랑에서 생겨나고 사랑으로 말미암아 고무되며 또한 하나님을 사랑하는 데로 나아가는 길을 여는 것으로 말씀하여 참된 순종의 영적인 성격을 아주 놀랍게 계시하십니다. 여러분은 이 놀라운 말씀들을 (요 14:15,16-17,21,23) 마음에 새기시기를 바랍니다. "너희가 나를 사랑하면 나의 계명을 지키리라 …… 내가 아버지께 구하겠으니 그가 또 다른 보혜사를 너희에게 주사 영원토록 너희와 함께 있게 하리니 …… 나의 계명을 지키는 자라야 나를 사랑하는 자니 나를 사랑하는 자는 내 아버지께 사랑을 받을 것이요 나도 그를 사랑하여 그에게 나를 나타내리라 …… 사람이 나를 사랑하면 내 말을 지키리니 내 아버지께서 그를 사랑하실 것이요 우리가 그에게 가서 거처를 그와 함께 하리라."

그리스도께서 다음의 두 가지 가능성과 더불어 순종에 부여하시는 말할 수 없이 영광스러운 그 위치를 이 말씀만큼 간단하면서도 감동적으로 표현할 수 있는 것은 없을 것입니다. 두 가지 가능성이란 첫째, 순종은 오직 사랑하는 마음에서만 생길 수 있다는 것이고, 둘째는 하나님께서 주셔야 하는 모든 것, 곧 하나님의 성령, 하나님의 놀라운 사랑, 그리스도 예수 안에서 하나님의 내주하심이 순종으로 말미암아 가능하게 된다는 것입니다. 저는 성경에서 영적 생활에 대해서나 영적 생활의 한 조건으로서 애정 어린 순종의 능력에 대해서 이보다 고귀한 계시를 제시하는 구절은 없다고 봅니다. 우리는 하나님께서 성령의 빛을 비추어 우리 매일의 순종이 천상의 영광을 지니도록 변화시켜 주시기를 기도하고 구합시다.

이 모든 것이 다음 장(章)에서 어떻게 확증되는지 봅시다. 우리는 포도나무의 비유를 아주 잘 압니다! 우리는 어떻게 하면 그리스도 안에 계속 거할 수 있는지를 끊임없이 그리고 아주 간절히 물었습니다! 성경 공부를 더 많이 하고, 믿음이 더 있어야 하며, 기도를 더 많이 하고 하나님과 교제도 더 많이 해야 하는 것으로 생각하였습니다. 그러면서 우리는 예수께서 "내가 아버지의 계명을 지켜 그의 사랑 안에 거하는 것 같이"라는 하나님의 재가와 더불어 그처럼 분명하게 가르치시는 "너희가 내 계명을 지키면 내 사랑 안에 거하리라"(요 15:10)는 단순한 진리는 간과하였습니다.

우리가 하늘 아래에서 하나님의 사랑 안에 거할 수 있는 길은 계명을 지키는 것밖에 없습니다. 이 점을 물어보겠습니다. 여러분은 이 땅에서 순종이 하늘에 있는 하나님의 사랑 안에 거하는 비결이라는 것을 알았습니까? 그런 사실을 설교하는 것을 들은 적이 있습니까? 그 사실을 믿고, 그것이 사실임을 경험한 적이 있습니까? 하늘에서 나타나는 하나님의 전적인 사랑과 땅에서 일어나는 우리의 온전한 사랑의 순종 사이에 부합하는 점이 없으면, 그리스도께서 우리에게 자신을 나타내실 수 없고, 하나님께서 우리 안에 거하실 수 없으며, 우리도 하나님의 사랑 안에 거할 수 없습니다.

2. 우리 주 예수님에 이어서 사도들을 본다면, 사도행전에 베드로가 두 번에 걸쳐 한 말이 나오는데, 우리 주님의 가르침이 그의 마음에 얼마나 깊게 박혔는지 알 수 있습니다. "하나님이 자기에게 순종하는 사람들에게 주신 성령도 그러하니라"(행 5:32)는 말에서 베드로가 오순절을 맞이하기 위한 준비는 바로 그리스도께 대한 순복이었음을 아주 잘 알고 있었다는 것이 나타납니다. 그 다음에 "사람보다 하나님께 순종하는 것이 마땅하니라"(5:29)는 말씀에서는 사람에 대한 면을 봅니다. 순종은 죽기를 각오하게 되어 있습니다. 땅에 있는 어떤 것도 하나님께 자신을 드린 사람의 순종을 방해하거나 막을 수 없습니다.

3. 우리는 바울의 로마서 처음과 마지막에서 "모든 이방인 중에서 믿어 순종하게 하나니"(1:5; 16:26, "모든 민족이 믿어 순종하게 하시려고") 라는 표현을 봅니다. 이 일을 위해서 바울이 사도가 되었습니다. 그는 하나님께서 "이방인들을 순종하게 하기 위하여"(15:18) 하신 일에 대해서 이야기합니다. 그리스도의 순종이 우리를 의롭게 만듦으로 우리가 순종의 종이 되어 의에 이른다고 가르칩니다. 아담과 우리 안에 있는 불순종이 죽음을 가져왔듯이, 그리스도와 우리 안에 있는 순종은

하나님과 그의 은총을 다시 얻는 길입니다.

4. 야고보 사도는 우리에게 하나님의 말씀을 듣기만 하지 말고 행하는 자가 되라고 경고하고, 또 어떻게 아브라함이 의롭다함을 받았으며 그의 믿음이 행함으로 온전하게 되었는지를 상세히 설명합니다.

5. 베드로의 생각에서 순종이 차지하는 위치를 알려면 베드로전서의 첫 장만 보면 됩니다. 1-2절에서 그는 "성령이 거룩하게 하심으로 순종함과 예수 그리스도의 피 뿌림을 얻기 위하여 택하심을 받은 자들"에게 말하며, 우리에게 순종은 아버지의 영원한 뜻이고, 성령의 활동의 중요한 목적이자 그리스도의 구원의 중요한 부분이라고 말합니다. 베드로 사도는 너희는 순종으로 말미암아 생겨났고, 순종이 특징인 사람이라고 하며, "순종하는 자식처럼 모든 행실에 거룩한 자가 되라"(14,15절)고 씁니다. 순종이야말로 참된 거룩함의 출발점입니다. 22절에는 "너희가 진리를 순종함으로 너희 영혼을 깨끗하게 하여 거짓이 없이 형제를 사랑하기에 이르렀다"는 말씀이 나옵니다. 하나님의 진리를 전적으로 받아들이는 것은 단순한 지적 동의나 강한 감정의 문제가 아니었습니다. 그것은 생활을 하나님의 진리의 지배에 복속시키는 일이었습니다. 그리스도인의 생활은 첫째로 순종이었습니다.

6. 우리는 요한 사도가 얼마나 강한 주장을 하는지 압니다. "그를 아노라 하고 그의 계명을 지키지 아니하는 자는 거짓말하는 자요"(요일

2:4). 순종이야말로 그리스도인임을 보여주는 단 하나의 증명서입니다. "우리가 …… 행함과 진실함으로 사랑하자 이로써 우리가 …… 주 앞에서 굳세게 하리니 …… 무엇이든지 구하는 바를 그에게서 받나니 이는 우리가 그의 계명을 지키고 그 앞에서 기뻐하시는 것을 행함이라"(3:18-22). 순종은 하나님께서 우리의 기도를 들으신다는 확신과 선한 양심을 가질 수 있는 비결입니다. "하나님을 사랑하는 것은 이것이니 우리가 그의 계명들을 지키는 것이라"(5:3). 하나님의 계명을 지키는 순종은, 보이지 않는 숨은 사랑이 입고 나타나는 옷이요, 그 속에 사랑이 있음을 알려주는 옷입니다.

순종이 성경에서, 하나님의 마음에서, 하나님의 종들의 심정에서 차지하는 위치가 그런 것입니다. 우리가 사랑이 내 마음과 생활에서 그런 위치를 차지하는가 물어본다면, 잘하는 일입니다. 참으로 우리는 순종을 하나님에 대한 모든 행위와 하나님을 가까이 하려는 태도를 일으키는 것으로 알고, 하나님이 의도하시는 대로 우리 위에 최고 권위의 위치에 두었습니까? 만일 성령의 감찰하심을 받는다면, 우리가 생활속에서 순종에 정당한 위치를 부여하지 않았고, 또 이 부족 때문에 기도와 일에서 모두 실패하였다는 것을 알 수 있습니다. 우리가 그동안 하나님의 은혜의 더 깊은 복들을 받지 못하고 하나님의 사랑을 더 가까이서 온전히 누리지 못한 것은 전적으로 순종이 하나님이 바라시는 대로 우리 그리스도인 생활의 출발점과 목표가 되지 못했기 때문이라는 것을 알 수 있습니다.

이 첫 번째 공부를 통해서 이 진리에 대한 하나님의 뜻을 충분히 알고자 하는 간절한 바람이 일어나도록 합시다. 순종이 모든 것을 지배하지 않을 때 그리스도인의 생활에 얼마나 결함이 많은지, 그런 생활이 온전한 순종을 바치는 사람에게서 어떻게 변할 수 있는지, 또 하나님께서 그리스도 안에서 우리로 하여금 온전한 순종의 생활을 할 수 있게 하신다는 것이 얼마나 확실한 사실인지 성령께서 가르쳐 주시기를 함께 기도합시다.

제 2 장

그리스도의 순종

"한 사람이 순종하심으로 많은 사람이 의인이 되리라." — 로마서 5:19

"너희 자신을 종으로 내주어 누구에게 순종하든지 그 순종함을 받는 자의

종이 되는 줄을 너희가 알지 못하느냐 …… 순종의 종으로 의에 이르느니라."

— 로마서 6:16

한 사람이 순종하심으로 많은 사람이 의인이 되리라. 이 말은 우리가 그리스도께 어떤 은혜를 입고 있는지 말해줍니다. 우리는 아담 안에서 죄인 된 것같이 그리스도 안에서 의인이 됩니다.

이 말은 또한 그리스도 안에서 우리가 의에 빚지고 있음도 말해줍니다. 아담의 불순종으로 우리가 죄인 된 것같이 그리스도의 순종으로 우리가 의롭게 됩니다. 우리가 누리는 모든 것은 그리스도의 순종 덕분입니다.

그리스도 안에서 우리가 받는 유업의 보화들 가운데서 이것이 가장 풍부한 보화 중 하나입니다. 이 보화를 사랑하고 기뻐하며 그 보화의 충만한 복을 얻기 위해 공부해 본 적이 없는 사람들이 얼마나 많은지 모릅니다! 하나님께서 성령으로 말미암아 이 보화의 영광을 계시하여 주시고, 우리가 그 보화의 영광을 얻을 수 있게 하여 주시기 바랍니다.

여러분은 믿음으로 의롭다 함을 얻는다는 이 복된 진리를 잘 알고 있습니다. 로마서에서 본문 앞의 단락에서 바울은 이 진리의 항상 복된 기초는 그리스도의 피로 말미암은 속죄이고, 이 진리에 이르는 길과 조건은 경건하지 않은 자를 의롭다 하시는 하나님의 값없는 은혜를 믿는 믿음이며, 이 진리의 복된 열매들은 하나님의 은혜에 즉각 들어감과 영광을 소망함과 더불어 그리스도의 의를 받는 것이라고 가르쳤습니다. 이제 본문에서는 믿음으로 그리스도와 연합한다는 더 깊은 진리를 설명하는데, 이 진리는 의롭다 함의 근거가 되고, 하나님께서 우리를 받아들이시는 일을 정당하게 만듭니다. 바울은 아담에게로 거슬러 올라가 우리가 그와 연합되었고, 그 연합으로 말미암아 오는 모든 결과와도 연합되었음을 거론하여 믿음으로 그리스도를 받아들이고 그렇게 해서 그리스도와 연합된 자들은 그리스도의 의와 생명을 받게 된다는 사실이 참으로 이치에 맞고 지극히 자연스러운(이 말의 고상한 의미에서 볼 때) 주장임을 증명합니다. 그는 이렇게 주장하는 가운데서 아담의 불순종과 그 불순종이 일으킨 정죄와 죽음, 그리고 그리스도의 순종과 그 순종이 가져오는 의와 생명 사이의 현저한 대비를 특별히 강조합니다. 우리가 그리스도의 순종이 우리의 구원을 위한 그의 사역에서 차지하는 위치를 연구하고, 그 순종에서 우리의 구속의 근거를 볼 때, 우리 마음과 생활에서 순종이 어떤 위치를 차지하도록 해야 하는지 알게 될 것입니다.

"한 사람이 순종하지 아니함으로 많은 사람이 죄인 되었느니라"(롬 5:9). 어떻게 이런 일이 벌어졌습니까?

아담과 그의 후손들 사이에는 이중적인 결합이 있었습니다. 즉, 법적인 결합과 생명의 결합이 있었습니다. 비록 아직 태어나지 않았을지라도 모든 인류가 법적인 결합으로 말미암아 즉시 사망 선고를 받게 되었습니다. "아담으로부터 모세까지 아담의 범죄와 같은 죄를 짓지 아니한 자들까지도(어린아이와 같은 자들까지) 사망이 왕 노릇 하였느니라"(5:14).

이 법적인 결합은 생명의 결합에 뿌리를 박고 있었습니다. 그들이 아담 안에 있지 않았다면 사망 선고가 그들에게 내려질 수 없었을 것입니다. 그리고 이 생명의 결합은 또 법적인 결합을 나타냅니다. 그래서 아담의 후손 한 사람 한 사람이 죄와 사망의 세력 아래 있는 생활에 들어갑니다. "한 사람이 순종하지 아니함으로 많은 사람이 죄인 되었는데"(5:19), 죄의 저주 아래 있는 위치로 말미암아 또 죄의 세력 아래 있는 본성으로 말미암아 죄인이 되었습니다.

"아담은 오실 자의 모형인데"(5:14), 두 번째 아담, 곧 인류의 두 번째 조상의 모형입니다. 아담의 불순종은 그 결과에 있어서 그리스도의 순종이 우리에게 미치는 점들과 정확히 유사합니다. 죄인이 그리스도를 믿을 때, 그는 그리스도와 연합되고 그 즉시 법적인 선고에 의해 하나님 보시기에 의롭다고 선언되고 받아들여집니다. 법적인 관계는 생명의 관계에 뿌리를 박고 있습니다. 죄인은 그리스도 자신과 그의 본성을 얻음으로써만 그리스도의 의를 얻습니다. 그리스도 안에 거하는 것이 무엇인지 잘 모를지라도 그는 자신이 사죄를 받고 하나님께 받아들여졌다는 것을 알 수 있습니다. 그러나 그 다음에는 생명의 관계를 알게 되고, 자신이 아담의 불순종에 참여함으로 그에 따라오는 죄악 된 본성뿐 아니라 사망에도 참여하였다는 사실이 아주 현실적이었듯이 그리스도의 순종에 참여함으로 그리스도의 의에 참여하고 뿐만 아니라 그 순종으로부터 오는 순종의 생활과 순종적인 본성에도 참여한다는 사실도 아주 현실적이라는 것을 이해하게 됩니다.

아담의 불순종으로 말미암아 우리가 죄인 되었다는 이 사실을 살펴봅시다. 하나님께서 에덴 동산에서 아담에게 요구하셨던 유일한 한 가지는 순종이었습니다. 피조물이 하나님을 영화롭게 하고 그의 은총과 복을 누릴 수 있게 하는 한 가지는 순종뿐입니다. 죄가 이 세상에서 행사해 온 세력과 파멸의 유일한 원인은 불순종입니다. 우리에게 쏟아지는 모든 저주는 우리에게 전가된 불순종 때문입니다. 우리 속에서 작용하는 죄의 모든 세력이 바로 이것입니다. 우리가 아담의 본성을 받을 때, 그의 불순종을 물려받고, 그래서 "불순종의 아들들"로 태어나는 것입니다.

그리스도께서 오셔서 행해야 하는 한 가지 사역은 이 불순종, 곧 불순종의 저주와 지배, 그 악한 성격과 행실들을 제거하는 것이었음이 분명합니다. 불순종이 모든 죄와 비참함의 뿌리였습니다. 그리스도의 구원의 첫 번째 목적은 이 악의 뿌리를 잘라내고 사람을 그 본래의 운명으로, 즉 자기 하나님께 순종하는 생활로 회복시키는 것이었습니다.

그리스도께서 어떻게 이 일을 이루셨습니까?

우선 첫째로, 둘째 아담으로 오셔서 첫째 아담이 행한 일을 없이함으로써 이루셨습니다. 죄 때문에 우리는 하나님의 뜻을 알고 행하려고 하는 것을 언제나 수치스러운 일로 여기게 되었습니다. 그런데 그리스도께서 오셔서 우리에게 순종의 고귀함과 복됨, 거룩함을 보여주셨습니다. 하나님께서 우리에게 피조물이라는 옷을 입도록 주셨을 때 우리는 그 옷의 아름다움, 곧 흠 없는 정결함은 하나님께 대한 순종임을 알지 못했습니다. 그리스도께서 오셔서 그 옷을 입으신 것은 우리에게 그 옷을 입는 법과 그 옷을 입고서 하나님의 임재와 영광 앞에 나아갈 수 있는 법을 알려주시기 위해서였습니다. 그리스도께서는 우리의 불순종을 가져가고, 대신에 그 자신의 순종을 우리에게 입혀주며 우리 속에 두기 위해 오셨습니다. 아담의 불순종은 보편적이고 강력한데다 온 세상에 만연하였지만, 그리스도의 순종의 능력은 훨씬 더 보편적이고 강력한데다 온 세상에 만연해 있었습니다.

그리스도께서 순종의 생활을 하신 목적은 세 가지였습니다. 첫째는 우리에게 참된 순종이 무엇인지 보여주기 위한 모범으로서 순종의 생활을 하셨습니다. 둘째는 우리를 위해 모든 의를 이루신다는 것을 그의 순종으로써 보여주시는 우리의 보증으로서 순종의 생활을 하셨습니다. 셋째는 우리에게 나누어 줄 새로운 순종의 본성을 마련하기 위해 우리의 머리로서 순종의 생활을 하셨습니다.

그와 같이 그리스도께서는 또한 그의 순종이 기꺼이 마지막까지 순종하려는 태도, 곧 하나님을 위해 죽기까지 순종하려는 태도를 의미한다는 것을 보여주기 위해서 죽으셨습니다. 우리의 불순종의 죄책을 대신 견디고 속(贖)함을 의미한다는 것을 보여주기 위해서 죽으셨습니다. 죄에 대하여 죽는다는 것이 하나님을 위하여 그리고 우리를 위하여 하나님의 생명에 들어감을 의미한다는 것을 보여주기 위해 죽으셨습니다.

아담의 불순종은 그와 관련될 수 있는 모든 관계에서 깨끗이 제거되고 그리스도의 순종으로 대치되어야 했습니다. 그리스도의 순종으로 인해 우리는 법적으로 의롭게 되었습니다. 아담의 불순종으로 말미암아 우리가 죄인 된 것 같이, 그리스도의 순종으로 말미암아 즉시 그리고 완전히 의롭다 함을 받고 죄와 사망의 세력에서 구원을 받았습니다. 그래서 우리는 하나님 앞에서 의인으로 서 있습니다. 왜냐하면 아담의 경우에서 법적인 관계와 생명의 관계가 뗄 수 없이 연결되어 있기 때문입니다. 그래서 사실 우리는 그리스도의 죽으심과 부활에서 그리스도와 한 식물이 되어 우리가 그리스도와 같이 진정으로 죄에 대하여 죽고 하나님에 대하여 살게 됩니다. 우리가 그리스도 안에서 받는 생명은 바로 순종의 생명입니다.

우리 가운데 순종이 무엇인지 알고 싶은 사람은 누구나 이 점을 잘 생각해야 합니다. 내가 그리스도 안에서 발견하는 의와 구원의 비밀은 바로 그리스도의 순종이라는 것입니다. 순종이 의의 핵심이고 순종이 곧 구원인 것입니다. 무엇보다 그리스도의 순종은 우리가 자신의 불순종을 덮고 가리며 끝장내는 것으로서 받아들이고 신뢰하며 기뻐해야 하는 것입니다. 이 그리스도의 순종은 내가 받아들이고 결코 버리지 말아야 할 변함없는 사실입니다. 아담의 불순종이 내 생명을 지배하는 세력, 곧 내 안에 있는 죽음의 세력이었듯이 그리스도의 순종은 내 안에 있는 새로운 본성이 작용하게 하는 생명의 능력이 됩니다. 그렇다면 나는 왜 바울이 다음의 구절에서 의와 생명을 그처럼 긴밀하게 연결시키는지를 알게 됩니다.

"한 사람의 범죄로 말미암아 사망이 그 한 사람을 통하여 왕 노릇 하였은즉 더욱 은혜와 의의 선물을 넘치게 받는 자들은 한 분 예수 그리스도를 통하여 생명 안에서 왕 노릇 하리로다"(5:17). 바로 여기 이 땅에서부터 그렇게 된다는 것입니다. "한 의로운 행위로 말미암아 많은 사람이 의롭다 하심을 받아 생명에 이르렀느니라"(18절).

우리가 첫째 아담과 둘째 아담 사이의 유사점을 주의 깊게 조사하고, 또 어떻게 첫째 아담 안에서 죽음과 불순종이 아담 자신에게와 마찬가지로 그의 후손들에게도 왕 노릇 하였는지, 어떻게 첫째 아담과 둘째 아담이 그와의 연합으로 말미암아 똑같이 그 후손들에게 유전되는지를 알면 알수록, 그만큼 더 우리는 그리스도의 순종이 전가(轉嫁)에 의해서뿐만 아니라 개인적인 소유에 의해서도 똑같이 우리의 것이 된다는 확신을 갖지 않을 수 없을 것입니다. 그리스도와 그의 생명을 받는 것이 그리스도의 순종을 받는 것이라는 사실은 그리스도로부터 뗄 수 없는 점입니다. 우리가 하나님께서 값없이 주시는 의를 받을 때 그 의는 즉시 순종을 가리킵니다. 이 순종에서 의가 나오고, 이 의는 순종과 뗄 수 없는 관계에 있으며, 이 순종 안에서만 의가 살고 번성할 수 있습니다.

이 관계가 다음 장에서 어떻게 나오는지 봅시다. 우리의 생명이 그리스도와 연합되어 있다고 말한 후에 바울은 이 서신에서 처음으로 "너희는 죄가 너희 죽을 몸을 지배하지 못하게 하며 …… 너희 자신을 하나님께 드리라"(6:12-13)고 명령하고 나서 바로 이어 이 말이 다름 아닌 순종을 의미한다고 가르칩니다. "너희가 알지 못하느냐 혹은 죄의 종으로 사망에 이르고 혹은 순종의 종으로 의에 이르느니라"(16절). 순종에 대한 여러분의 관계는 실제적인 것입니다. 여러분은 불순종(아담의 불순종과 여러분의 불순종)으로부터 구원을 받았고 이제 순종의 종이 되어 "의에 이릅니다." 그리스도의 순종이 의에 이르렀는데, 이 의는 하나님께서 여러분에게 선물로 주시는 것입니다. 이 순종을 받아들이는 것이 하나님에 대한 여러분의 관계와 의에 대한 여러분의 관계를 유지할 수 있는 유일한 길입니다.

의에 이르는 그리스도의 순종은 여러분을 위한 생명의 시작일 뿐입니다. 그 생명을 지속시킬 수 있는 것은 의에 이르는 여러분의 순종뿐입니다. 머리와 지체를 지배하는 법은 하나뿐입니다. 아담과 그의 후손에게는 불순종과 죽음이 그 법이었듯이 그리스도와 그의 후손에게는 순종과 생명이 그 법입니다. 아담과 그의 후손 사이를 묶는 끈이자 둘 사이의 유사점을 보여주는 표시는 불순종이었습니다. 그리스도와 그의 후손 사이를 묶는 끈과 유사점의 표시는 순종입니다.

오직 순종으로 말미암아 그리스도는 아버지 하나님의 사랑의 대상이 되셨고(요 10:17-18) 우리의 구속자가 되셨습니다. 오직 순종만이 우리를 그 사랑 안에 거하는 길로 인도하고 그 구속을 누릴 수 있게 만듭니다.

"한 사람이 순종하심으로 많은 사람이 의인이 되리라"(롬 5:19). 모든 것은 그 의를 온전히 누릴 수 있는 길로서 순종에 대한 우리의 지식과 참여에 달려 있습니다. 회심할 때, 순종에 대한 지식이 조금밖에 없거나 전혀 없을지라도 믿으면 의가 주어집니다. 그러나 그리스도의 의를 진정으로 믿고 또 "의의 종으로서" 그 의가 우리를 온전히 지배하기를 바랄 때, 의는 우리에게 순종에서 나온 것으로서 그 복된 성격을 보여주고, 그것이 하나님에게서 나온 것임을 다시 돌아보게 만들 것입니다. 우리가 진심으로 그리스도의 의를 성령의 능력으로 붙잡으려고 하면 할수록 그 의가 나온 뿌리인 순종을 함께 하려는 마음도 그만큼 더 강렬해질 것입니다.

이 점을 생각하면서 우리는 그리스도처럼 의에 이르는 순종의 종으로 살도록 그리스도의 순종을 공부합시다.

1. 그리스도 안에서 이 순종은 생명 원리였습니다.

그리스도에게 있어서 순종은 때때로 행하는 한 번의 순종 행위가 아니었고 일련의 행동들도 아니었으며 그의 전 생명을 지배하는 정신이었습니다. "내가 하늘에서 내려온 것은 내 뜻을 행하려 함이 아니요"(요 6:38). "보시옵소서 내가 하나님의 뜻을 행하러 왔나이다"(히 10:9). 그리스도께서는 한 가지 목적을 위해서 세상에 오셨습니다. 주님은 오직 하나님의 뜻을 행하기 위해서 사셨습니다. 그리스도의 삶을 온통 지배하는 최고의 힘은 순종이었습니다.

그리스도께서는 순종이 우리 안에서도 그와 같이 되기를 바라십니다. 이것이 그리스도께서 다음과 같이 말씀하셨을 때 약속하신 바였습니다. "누구든지 하늘에 계신 내 아버지의 뜻대로 하는 자가 내 형제요 자매요 어머니이니라"(마 12:50).

가족을 묶는 끈은 가족 모두가 함께 하는 공동의 생활과 가족의 비슷한 외관입니다. 그리스도와 우리 사이를 묶는 끈은 그리스도와 우리가 함께 하나님의 뜻을 행한다는 사실입니다.

2. 그리스도 안에서 이 순종은 기쁨이었습니다.

"나의 하나님이여 내가 주의 뜻 행하기를 즐기나이다"(시 40:8). "나의 양식은 나를 보내신 이의 뜻을 행하는 것이니라"(요 4:34).

음식은 우리의 원기를 북돋우고 기분을 상쾌하게 합니다. 건강한 사람은 즐겁게 음식을 먹습니다. 그러나 음식은 단순히 즐기는 것만이 아닙니다. 음식은 생명에 반드시 필요한 것입니다. 그와 같이 하나님의 뜻을 행하는 것은 그리스도께서 간절히 바라던 음식이었고, 그래서 그리스도께서는 그것 없이는 살 수 없으셨습니다. 하나님의 뜻을 행하는 것이야말로 그리스도의 굶주림을 만족시키며, 그의 기운을 북돋우고 기분을 상쾌하게 하며 즐겁게 만드는 유일한 것이었습니다.

다윗이 하나님의 말씀은 "꿀과 송이꿀보다 더 달도다"(시 19:10)고 하였을 때 바로 이 점을 어느 정도 의미한 것이었습니다. 이 사실을 이해하고 받아들이면, 순종이 우리에게 좀 더 자연스럽고 필요한 것이 되며 우리의 일상 음식보다 더 우리를 상쾌하게 만들 것입니다.

3. 그리스도 안에서 이 순종은 결국 하나님의 뜻을 섬기는 것이었습니다.

하나님께서는 그리스도께 자신의 뜻을 한 번에 다 계시하시지 않았고, 날마다 그때의 환경에 따라 계시하셨습니다. 그리스도의 순종의 생활에는 성장과 진보가 있었습니다. 그리고 가장 어려운 수업이 마지막에 왔습니다. 순종의 행동을 하실 때마다 그리스도는 아버지 하나님의 다음 명령을 새롭게 발견할 수 있게 준비되었습니다. "주께서 내 귀를 통하여 내게 들려주시나이다 …… 나의 하나님이여 내가 주의 뜻 행하기를 즐기나이다"(시 40:6,8).

순종이 우리 삶의 열정이 될 때, 그때서야 비로소 성령님으로 말미암아 우리 귀가 열려 그의 가르침을 기다리게 되고, 우리에 대한 하나님의 뜻으로 안내하는 하나님의 인도에 만족하게 될 것입니다.

4. 그리스도 안에서 이 순종은 죽음에 이르는 것이었습니다.

주께서 "내가 하늘에서 내려온 것은 내 뜻을 행하려 함이 아니요 나를 보내신 이의 뜻을 행하려 함이니라"(요 6:38)고 말씀하셨을 때, 주님은 언제든지 자신의 뜻은 철저히 부인하고 아버지의 뜻만을 행하려는 각오가 되어 있으셨습니다. "내 뜻은 아무것도 아니고 무슨 일이 있어도 하나님의 뜻을 행하겠다"고 말씀하신 것입니다.

바로 이것이 그리스도께서 우리를 불러 행하라고 하시며, 또 우리에게 힘을 주어 행할 수 있게 하시는 순종입니다. 모든 일에서 온 마음으로 순종을 바치는 것만이 참된 순종입니다. 이 순종만이 우리로 난관을 극복할 수 있게 만들 유일한 힘입니다. 그리스도인들이 바로 이

것만이 영혼에 기쁨과 힘을 가져다주는 것임을 알 수 있으면 좋겠습니다!

일반적인 순종에 대한 의심이 있고 그와 더불어 실패할 수도 있다는 잠재의식이 있는 한, 우리는 반드시 승리를 거둘 수 있다는 확신을 갖지 못합니다. 그러나 일단 우리가 하나님께서 우리 앞에서 실제로 온전한 순종을 요구하며 또 순종을 일으키는 일을 하고 계시는 것으로 알고, 우리가 바로 그러한 순종을 하나님께 드리려고 한다는 것을 알 때, 성령님에 의해 우리의 전 생활을 지배할 수 있는 하나님의 능력을 받아들이게 됩니다.

5. 그리스도 안에서 이 순종은 지극히 깊은 겸손에서 나왔습니다.

"너희 안에 이 마음을 품으라 곧 그리스도 예수의 마음이니 …… 자기를 비워 종의 형체를 가지사 …… 자기를 낮추시고 죽기까지 복종하셨느니라"(빌 2:5-8).

자신을 온전히 비우려 하고, 기꺼이 종으로 곧 "순종의 종"으로 지내며 또 살려고 하며, 하나님과 사람 앞에서 지극히 낮아지려고 하는 그 사람에게 예수님의 순종이 하늘의 아름다움과 강권하는 능력을 보여줄 것입니다. 은밀히 자기를 신뢰하는 강한 의지가 있을 수 있는데, 그 의지는 순종하려고 애쓰지만 결국 실패하고 맙니다. 이 영광스런 하나님께 순종하는 것이 피조물의 유일한 의무이자 복이라는 것이 우리에게 계시되는 것은 바로 우리가 겸손과 온유와 인내로 또 하나님의 뜻에 대한 전적인 순응으로 하나님 앞에 낮아지고 철저한 무력감에서 전적으로 하나님만 의지하는 가운데 기꺼이 엎드리려고 할 때, 곧 우리가 자기에게서 완전히 고개를 돌릴 때입니다.

6. 그리스도 안에서 이 순종은 믿음에서 나왔습니다.

곧, 하나님의 힘을 전적으로 의지하는 믿음에서 나왔습니다. "내가 아무 것도 스스로 할 수 없노라"(요 5:30). "아버지께서 내 안에 계셔서 그의 일을 하시는 것이라"(14:10).

아들이 아버지의 뜻에 대해 무조건적으로 순복하는 것에 응하여 아버지께서는 그의 능력을 아들 안에 끊임없이 무한히 주어 작용하도록 하셨습니다.

그것은 우리에게도 그대로 해당될 것입니다. 만일 우리가 자신의 뜻을 버리고 하나님의 뜻을 따르는 것이 하나님께서 우리 안에 하나님의 능력을 베푸시는 것의 척도가 된다는 것을 배운다면, 온전히 순종하겠다고 결심하는 것은 다름 아니라 바로 하나님께서 우리 안에서 모든 것을 행하실 것을 믿는 순전한 믿음임을 알게 될 것입니다.

새 언약에 대한 하나님의 약속들은 모두 이 말씀에 의거하고 있습니다. "네 하나님 여호와께서 네 마음에 할례를 베푸사 너로 마음을 다하며 뜻을 다하여 네 하나님 여호와를 사랑하게 하실 것이며 …… 네가 네 하나님 여호와의 말씀을 청종할 것이라"(신 30:6-9). "내가 내 영을 너희 속에 두어 너희로 내 율례를 행하게 하리니 너희가 내 규례를 지켜 행할지라"(겔 36:27).

우리는 하나님의 아들처럼 하나님께서 우리 안에서 모든 일을 행하실 것이라고 믿읍시다. 그러면 우리는 온전한 순종, 곧 죽기까지의 순종을 바칠 용기를 얻을 것입니다. 우리가 이렇게 전적으로 자신을 하나님께 맡기면 하나님의 아드님이 아버지의 능력을 믿었기 때문에 아버지의 뜻을 행하신 것처럼 우리도 아드님을 닮아 그같이 하게 되는 복된 경험을 맛볼 것입니다. 하나님께 우리의 모든 것을 드립시다. 그러면 하나님께서 우리 안에서 모든 일을 행하실 것입니다.

한 분의 순종으로 말미암아 의롭게 된 여러분은 그분을 닮았고 그분 안에서 의에 이르는 순종의 종이 되었다는 것을 모릅니까? 많은 사람들의 순종이 바로 이 한 분의 순종 안에 뿌리를 두고 있고, 거기에서 생명과 보장을 얻습니다. 우리는 순종하신 분인 그리스도께로 새롭게 몸을 돌이키고 그분을 주목하고 연구하며 믿읍시다. 바로 이분을 그리스도로 받고 사랑하며 닮으려고 노력합시다. 그리스도의 의가 우리의 유일한 소망이듯이, 그리스도의 순종을 우리의 유일한 바람으로 삼읍시다. 그리스도를 순종하신 분으로 받아들임으로써, 곧 우리 생활 속에 계시는 것처럼 우리 안에 거하시는 그리스도로 받아들임으로써 그리스도를 믿는 우리의 믿음이 진실하다는 것을, 그리고 하나님의 초자연적인 능력이 우리 안에서 작용함을 확신한다는 것을 입증하도록 합시다.

제 3 장

참된 순종의 비결

"그가 …… 순종함을 배우셨느니라." — 히브리서 5:8

참된 순종의 비결은 하나님과의 분명하고 친밀한 개인적인 교제에 있습니다. 우리가 하나님과 지속적인 교제를 나누기 전에는 온전히 순종하려는 우리의 모든 시도가 실패로 돌아갈 것입니다. 우리가 하나님께 불순종하지 않도록 지켜주는 것은 하나님의 거룩한 임재가 늘 우리와 함께 하심을 의식하는 것입니다.

불완전한 순종은 언제나 불완전한 생활의 결과입니다. 여러 가지 주장과 동기로써 불완전한 생활이라도 하도록 자극하는 것이 그 나름의 용도가 있지만, 그러한 행위의 주요한 복은 그로 말미암아 우리가 다른 생활, 곧 전적으로 하나님의 능력을 받아 자연스럽게 순종하는 생활이 필요하다고 느끼는 것이 되어야 합니다. 불완전한 생활, 곧 하나님과의 교제가 이따금씩 불규칙하게 이어지는 생활을 고치고, 온전하고 건강한 생활을 할 수 있는 길을 준비해야 합니다. 그러면 온전한 순종이 가능하게 될 것입니다. 참된 순종의 비결은 하나님과의 지속적이고 친밀한 교제를 회복하는 것입니다. "그가 …… 순종함을 배우셨느니라"(히 5:8). 왜 이렇게 할 필요가 있었습니까? 그리스도께서 우리에게 가져다주시는 복이 무엇입니까? 이 말씀을 들어보십시오. "그가 …… 받으신 고난으로 순종함을 배워서 …… 자기에게 순종하는 모든 자에게 영원한 구원의 근원이 되셨느니라"(8-9절).

고난은 우리에게 부자연스러운 것입니다. 그러므로 우리의 의지를 복종시키는 일이 필요합니다.

그리스도께 고난이 필요하였던 것은 고난을 통해서 그리스도께서 어떤 희생을 치르더라도 자기 뜻을 버리고 아버지께 순종하는 법을 배우기 위해서였습니다. 그리스도는 우리의 대제사장으로서 온전하게 되기 위하여 순종을 배우실 필요가 있었습니다. 주님은 우리 구원의 근원이 되기 위하여 죽기까지 순종하셨습니다. 주께서 순종으로 말미암아 우리 구원의 근원이 되신 것은 "자기에게 순종하는 모든 자"를 구원하시기 위함이었습니다.

그리스도께서 순종을 획득하시는 것이 절대적으로 필요하였듯이 구원을 물려받기 위해서는 우리도 순종이 절대적으로 필요합니다. 구원의 핵심은 하나님께 대한 순종입니다. 순종하시는 분인 그리스도는 우리를 그의 순종하는 자들로 구원하십니다. 그리스도께서 이 땅에서 고난을 받으실 때든지 아니면 하늘에서 영광 가운데 계실 때든지, 그리스도 자신에게서든지 아니면 우리에게서든지 순종은 그리스도의 최대 관심사입니다.

땅에서 그리스도는 순종의 학교에서 배우는 학생이셨습니다. 그리스도는 하늘로부터 오셔서 이 땅에서 제자들에게 순종을 가르치십니다. 불순종이 왕 노릇 하여 사망에 이르게 하는 세상에서 순종을 회복하는 일이 그리스도의 손에 달려 있습니다. 스스로의 생활에서 그렇게 하셨듯이 우리 안에서도 주님은 순종을 유지하는 일을 맡으셨습니다. 주님은 우리 안에서 순종을 가르치고 또 순종을 일으키십니다.

우리는 주님께서 무엇을 어떻게 가르치시는지 알아보고, 생각해 봅시다. 우리는 오직 순종을 배우게 되어 있는 이 학교에서 학생이 되는 일에 그동안 거의 마음을 쓰지 않았다는 것을 알게 될 수도 있습니다. 학교에 대해서 보통 생각할 때, 종종 우리가 묻는 중요한 일들은 이런 것들입니다. 즉, 첫째는 교사, 둘째는 교과서, 셋째는 학생입니다. 이것들 각각이 그리스도의 순종의 학교에서는 어떤 것인지 알아봅시다.

교사

"그가 순종함을 배우셨느니라." 그리스도께서 이제 순종을 가르치시는데, 우선 첫째로 아버지께 대한 자신의 순종을 밝히심으로써 가르치십니다.

저는 앞에서 참된 순종의 비결은 하나님과의 분명하고 개인적인 교제에서 찾을 수 있다고 말했습니다. 우리 주 예수님께서 바로 그러셨습니다. 주님은 무엇보다 이렇게 가르치셨습니다. "내가 내 자의로 말한 것이 아니요 나를 보내신 아버지께서 내가 말할 것과 이를 것을 친히 명령하여 주셨으니 나는 그의 명령이 영생인 줄 아노라 그러므로 내가 이르는 것은 내 아버지께서 내게 말씀하신 그대로니라"(요 12:49-50).

이 말씀의 뜻은 그리스도께서 이 세상에 들어오실 때 하나님의 명령을 아버지께로부터 단번에 영원히 받았다는 말이 아닙니다. 그렇지 않습니다. 날마다, 그리스도께서 가르치고 일하신 순간마다 주님은 아버지 하나님과 지속적인 교제 가운데 살고 필요할 때마다 아버지의 지시를 받는 사람으로 사셨습니다. 그래서 주님은 이렇게 말씀하십니다. "아들이 아버지께서 하시는 일을 보지 않고는 아무 것도 스스로 할 수 없나니 …… 아버지께서 아들을 사랑하사 자기가 행하시는 것을 다 아들에게 보이시고 또 그보다 더 큰 일을 보이시리라"(요 5:19-20). "나는 듣는 대로 심판하노라"(30절). "내가 혼자 있는 것이 아니요 나를 보내신 이가 나와 함께 계심이라"(8:16). "내가 너희에게 이르는 말은 스스로 하는 것이 아니라 아버지께서 내 안에 계셔서 그의 일을 하시는 것이라"(14:10). 하나님께서 말씀하고 행하고 보이시는 것을 듣고 보는 것은 하나님과의 현재의 교제와 활동에 달려 있음을 도처에서 볼 수 있습니다.

우리 주님은 언제나 아버지와 자신의 관계를 주님에 대한 우리의 관계, 또 주님으로 말미암은 아버지에 대한 우리의 관계의 표본이자 약속으로 말씀하셨습니다. 주님에게서와 같이 우리에게서도 지속적인 순종의 생활은 지속적인 교제와 지속적인 가르침이 없으면 불가능합니다. 모든 생각을 사로잡아 그리스도께 순종하는 데로 복속시키는 생활에 대한 희망을 조금이라도 가질 수 있는 것은 오직 하나님께서 아무도 생각하지 못할 정도로 강력하게 우리의 삶 속으로 들어오실 때, 아드님이 믿고 받으셨듯이 영원하시고 항상 계시는 분으로서 하나님의 임재를 우리가 믿고 받을 때뿐입니다.

하나님으로부터 명령과 지시를 끊임없이 받아야 할 필요가 절대적으로 있다는 것이 "너희는 내 목소리를 들으라 그리하면 나는 너희 하나님이 되리라"(렘 7:23)는 말씀에 함축된 바입니다.

"명령에 순종한다"는 표현은 성경에서 좀처럼 사용되지 않습니다. 거의 언제나 "내게 순종하라" 혹은 "내 목소리를 들으라(혹은 내 목소리를 청종하라)"는 표현이 사용됩니다. 법전이 아무리 분명하고 선하며 보상과 징계가 들어 있을지라도 군대 사령관이나 학교 선생, 혹은 가정의 아버지들에게 참된 순종을 가져다주지 못합니다. 참된 순종을 가져다주는 것은 개인적인 생활의 영향력이고, 눈을 뜨게 만드는 사랑과 열심입니다. 참된 순종의 기쁨과 힘을 주는 것은 항상 아버지의 목소리를 듣는 기쁨입니다. 하나님의 말씀을 순종할 능력을 주는 것은 목소리입니다. 살아 있는 목소리가 없는 말은 쓸모없습니다.

우리가 이스라엘에서 보는 것의 대비를 보면 이 사실이 아주 분명하게 설명됩니다. 이스라엘 백성들은 시내 산에서 하나님의 음성을 듣고 두려워하였습니다. 그들은 모세에게 하나님께서 더 이상 자기들에게 말씀하지 않게 해주시기를 구했습니다. 모세가 하나님의 말씀을 받고 그것을 자기들에게 전해 달라고 했습니다. 그들은 명령에 대해서만 생각했지, 순종할 수 있는 능력은 오직 하나님의 임재와 자기들에게 말씀하시는 목소리에 있다는 것을 알지 못했습니다. 그래서 모세만 그들에게 말하였습니다. 그들이 하나님과 직접 접촉하는 것을 두려워하였기 때문에 그들의 역사 전체가 불순종의 역사입니다.

이 사실은 지금도 그대로입니다. 많은 그리스도인들이 하나님으로부터 교훈을 받기 위해 하나님을 모셔 섬기기보다 경건한 사람들에게서 교훈을 듣는 것을 훨씬 더 쉽게 생각합니다. 그래서 그들의 믿음은 하나님의 능력에 있지 않고 사람들의 지혜에 있습니다.

매 순간 아버지를 보고 아버지의 말씀을 듣기 위해 기다림으로써 "순종을 배우신" 우리 주님께서 우리에게 가르치려고 하시는 이 중요한 교훈을 배웁시다. 우리가 하나님께서 요구하고 일으키겠다고 약속하시는 순종을 하나님께 드리려고 시도해 볼 수 있는 것은 오직 우리가 그리스도를 따라서, 그리스도와 함께, 그리스도 안에 또 그리스도를 통하여 항상 하나님과 동행하고 하나님의 음성을 들을 때뿐입니다.

그리스도께서는 그 자신의 깊은 생활과 경험으로부터 우리에게 이 교훈을 주고 가르치실 수 있습니다. 하나님이 그리스도께서 필요로 하셨던 바로 그 힘을 우리가 받지 않은 채 순종하려고 하는 것의 어리석음을 여러분에게 보여주시고, 여러분이 하루 종일 아버지의 임재를 누리는 그리스도의 기쁨을 위하여 모든 것을 기꺼이 포기할 수 있게 해 주시기를 간절히 기도하십시오.

교과서

그리스도께서 아버지와 직접적으로 교제를 나눈다고 해서 성경으로부터 독립하게 되지 않았습니다. 신성한 순종의 학교에는 어른과 아이의 구별 없이 오직 하나의 교과서 밖에 없습니다. 그리스도는 순종을 배울 때 우리가 가지고 있는 바로 이 교과서를 사용하셨습니다. 그리스도께서는 다른 사람들을 가르치거나 설득해야 할 때만 하나님의 말씀에 호소하신 것이 아닙니다. 주님은 자신의 구체적인 생활과 인도를 위해서도 하나님의 말씀이 필요했고, 하나님의 말씀을 사용하셨습니다.

공생애 시작부터 마지막까지 주님은 하나님의 말씀에 의지하여 사셨습니다. 주께서 마귀를 이기실 때 사용하신 성령의 검은 "기록되었으되"(마 4:4,7,10)라는 말씀이었습니다. "주의 성령이 내게 임하셨으니"(눅 4:18). 이 성경 말씀이 주께서 복음 설교를 시작할 때 갖고 계셨던 의식이었습니다. "이는 성경을 응하게 함이니이다"(요 17:12)는 말씀은 주께서 모든 고난을 받아들이고 심지어 죽는 데까지 자신을 내어줄 수 있게 한 빛이었습니다. 부활 후에 주께서는 제자들에게 "모든 성경에 쓴 바 자기에 관한 것"(눅 24:27)을 자세히 설명하여 주셨습니다.

주님은 성경에서 자신을 위하여 세워진 하나님의 계획과 길을 발견하셨습니다. 그리고 하나님의 계획과 길을 성취하는 일에 전념하셨습니다. 주께서는 성경 안에서 그리고 성경을 사용함으로써 아버지의 직접적인 가르침을 지속적으로 받으셨습니다.

하나님의 순종 학교에서는 성경만이 교과서입니다. 이 사실은 우리가 성경을 대할 때 지녀야 하는 심정을 보여줍니다. 즉, 우리에 대한 하나님의 뜻에 관해 기록된 것을 성경에서 찾고 또 그 뜻을 행하고자 하는 순전한 소원을 가지고 성경을 대해야 할 것입니다.

성경은 우리의 지식을 증가시키기 위해 기록된 것이 아니라 우리의 행동을 지도하여 "하나님의 사람으로 온전하게 하며 모든 선한 일을 행할 능력을 갖추게 하기"(딤후 3:17) 위하여 기록된 것입니다. "사람이 하나님의 뜻을 행하려 하면 …… 알리라"(요 7:17). 성경에서 하나님과 하나님의 사랑, 하나님의 지혜에 대해 계시하는 모든 것이 단지 하나님의 큰 목적을 이루기 위한 보조적인 것이라고 생각하는 법을 그리스도로부터 배우십시오. 하나님의 큰 목적이란 하나님의 사람이 하나님의 뜻을 하늘에서 이루어진 대로 행하기에 적합하게 되도록 하는 것이고, 사람이 하나님께서 바라시는 온전한 순종을 회복하도록 하는 것입니다. 온전한 순종만이 복된 것입니다.

하나님의 순종의 학교에서는 하나님의 말씀이 유일한 교과서입니다. 하나님의 말씀을 자신의 생활과 행위에 적용하기 위해서, 그 말씀 가운데 얼마만큼을 취해서 실행해야 하는지를 알기 위해서 그리스도는 하나님의 가르침이 필요하였고 또 가르침을 받았습니다. 이사야서에서 "주 여호와께서 …… 아침마다 깨우치시되 나의 귀를 깨우치사 학자들 같이 알아듣게 하시도다 주 여호와께서 나의 귀를 여셨나이다"(50:4-5) 하고 말씀하신 이가 바로 그분이십니다.

이렇게 순종을 배우신 그리스도께서는 바로 그와 같이 우리 속에 하나님 말씀의 거룩한 해석자로서 성령을 주심으로 우리에게 순종을 가르치십니다. 우리가 읽고 생각하는 하나님의 말씀을 마음속에 끌어와 살아나고 강력하게 만들어서 하나님의 살아있는 말씀이 우리의 의지와 사랑, 우리 전 존재 안에서 효과적으로 일할 수 있도록 하는 이것이 내주하시는 성령님의 하시는 큰일입니다. 하나님의 말씀이 순종을 일으킬 힘을 갖지 못하는 것은 우리가 이 사실을 이해하지 못하기 때문입니다.

이 점에 대해서 아주 분명하게 말해보겠습니다. 우리는 성경공부에 관심을 더 많이 갖게 된 것에 대해서 기뻐하고, 성경공부에 대해 관심을 새로 갖게 되고 그로 인해 받은 유익에 대한 증언들에 대해서 기뻐합니다. 그러나 우리는 속지 맙시다. 우리는 성경 공부하는 것을 좋아할 수 있습니다. 하나님의 진리에 대해 갖는 견해들에 감탄하고 거기에 매혹될 수 있습니다. 성경 공부를 통해서 드러난 생각들이 깊은 인상을 주고 아주 기분 좋은 종교적 감정을 일깨울 수 있지만 우리를 거룩하게 하거나 겸손하게 하고, 사랑하고 인내하며 기꺼이 봉사하거나 고난을 받을 각오를 하게 만드는 실제적인 영향력은 지극히 미미할 수가 있습니다. 이렇게 되는 가장 큰 이유는 우리가 하나님의 말씀을 있는 그대로, 즉 친히 우리에게 또 우리 속에 말씀하시는 살아계신 하나님의 말씀으로 받지 못한다는 것입니다.

우리가 아무리 하나님의 말씀을 공부하고 즐거워할지라도 하나님 말씀의 문자 자체는 구원하는 능력이 없고 거룩하게 하는 능력도 없습니다. 인간의 지혜와 의지의 노력이 아무리 뜨겁다고 할지라도 그 능력을 줄 수 없고, 일으킬 수도 없습니다. 성령은 하나님의 강력한 힘이십니다. 성령께서 여러분을 가르치실 때에만, 곧 사람에 의해서든 책에 의해서든 복음이 "하늘로부터 보내신 성령을 힘입어"(벧전 1:12) 여러분에게 전해질 때에만, 복음이 실제로 여러분에게 모든 명령과 함께 그 명령에 순종할 힘을 주고, 명령받은 그 일을 여러분 속에 행하실 것입니다.

사람에게 있어서는 힘이 부족하면 아는 것과 자원하는 것, 아는 것과 행하는 것, 곧 자원하는 것과 수행하는 것이 종종 분리되고, 틀어지곤 합니다. 성령 안에서는 그런 일이 없습니다. 성령은 빛이며 동시에 하나님의 힘이십니다. 성령께서 존재하시는 것이나 행하시는 것, 주시는 모든 것에는 그 안에 진리가 있는 만큼 또한 하나님의 능력도 있습니다. 성령께서 여러분에게 하나님의 명령을 보여주실 때는 언제나 그것을 가능하고 확실한 것으로, 곧 여러분을 위해 마련된 하나님의 생명과 선물로 보여주시는데, 그것을 보여주시는 분이 또한 나누어 주실 수 있는 것입니다.

사랑하는 성경 학생 여러분, 그리스도께서 자신이 하신 것처럼 실제로 우리가 순종하도록 가르치실 수 있는 것은 오직 성령을 통해서 여러분을 가르쳐 하나님의 말씀을 이해하고 마음에 그 말씀을 받아들이게 하실 때뿐이라는 것을 믿으십시오. 여러분은 성경을 펼 때마다 성령의 호흡으로 이루어진 하나님의 말씀에 귀를 기울이는 것이 확실하듯이 우리 아버지께서 믿음으로 인내하며 드리는 기도에 응답하여 여러분 마음속에서 성령께서 생생하게 활동하게 하실 것이 확실하다는 것을 믿기 바랍니다. 여러분이 읽는 진리나 약속들을 그저 믿으려고 노력하기만 하지 마십시오. 그것은 여러분 스스로의 힘으로 하는 일이 될 수 있습니다. 그러기 전에 성령을 믿으십시오. 성령께서 여러분 안에 계심을 믿고 하나님께서 성령으로 말미암아 여러분 속에서 일하심을 믿으십시오. 하나님께서 여러분이 하나님의 말씀을 사랑하고 순종하며 지킬 수 있게 하실 것이며, 찬송 받으실 우리 주님 예수께서 "자기에 관한 것을"(눅 24:27) 말씀하실 때 이 성경책을 대하신 것처럼 여러분도 이 성경책을 대하게 만드실 것이라는 조용한 믿음을 가지고 하나님의 말씀을 마음에 받아들이십시오. 그러면 성경의 모든 부분이 하나님께서 여러분을 위하여, 여러분 속에서, 여러분을 통하여 무엇을 하려고 하시는지를 분명하게 보여주는 계시가 될 것입니다.

학생

우리는 지금까지 어떻게 우리 주께서 끊임없이 아버지를 의지하는 가운데서 순종을 배운 비결을 보여주심으로써 우리에게 순종을 가르치고 계시는지 살펴보았습니다. 또 어떻게 우리 주님이 우리에게 이 신성한 책을 주께서 사용하신 방식대로 사용하고, 하나님께서 우리를 위해 정하신 바의 거룩한 계시로 사용하되, 그 계시를 상세히 설명하고 실행하시는 성령님과 더불어 사용하도록 가르치시는지 살펴보았습니다. 이제 신자가 학생으로서 순종의 학교에서 취하는 위치를 고려한다면, 우리는 아드님이신 그리스도께서 우리 속에서 효과적으로 자기 일을 행하기 위해 요구하시는 바가 무엇인지 더 잘 이해하게 될 것입니다.

　신실한 학생들의 마음속에는 신뢰하는 교사에 대한 감정을 형성하는 여러 가지 것들이 있습니다. 학생은 신뢰하는 교사의 인도에 전적으로 순종합니다. 그는 교사를 완전히 신뢰합니다. 그는 교사가 요구하는 대로 교사에게 시간과 주의를 집중합니다.

우리가 예수 그리스도께서 이렇게 하실 모든 권한이 있다는 것을 알고 동의한다면 주님께서 자신이 보인 것과 같은 순종을 우리에게 아주 놀랍게 가르치실 수 있음을 경험하리라는 희망을 품을 수 있을 것입니다.

1. 어떤 위대한 음악가나 화가에 대해서 생각할 때, 충실한 학생은 자기 선생님에게 주저하지 않고 온 마음으로 순종을 바칩니다.

음계를 연습하거나 색깔을 섞는 과정에서, 자기 예술의 요소들에 대해 오랜 시간 인내하며 연구하는 가운데서 학생은 단순한 마음으로 전적으로 순종하는 것이 지혜라는 것을 알게 됩니다.

그리스도께서 요구하시는 것은 바로 이와 같이 그의 인도에 온 마음으로 순복하고, 그의 권위에 절대적으로 순종하는 것입니다. 우리는 그리스도께 가서 주께서 하셨던 것처럼 하나님께 순종하는 잃어버린 기술을 가르쳐 주시기를 구합시다. 그러면 그리스도께서는 우리에게 대가를 치를 준비가 되어 있는지 물으십니다. 그 대가란 전적으로 완전히 자기를 부인하는 것입니다! 그것은 우리의 뜻과 생명을 죽음에 내어주는 것입니다! 주께서 말씀하시는 것은 무엇이든지 기꺼이 행하는 것입니다!

어떤 일을 배우는 길은 그 일을 행하는 것밖에 없습니다. 그리스도로부터 순종을 배우는 길은 여러분의 뜻을 버리고 주님의 뜻을 행하는 일을 여러분의 유일한 소원이자 기쁨으로 삼는 것밖에 없습니다.

여러분이 그리스도의 이 순종의 학교에 들어갈 때 절대적인 순종을 약속하지 않는 한, 여러분은 순종을 배우는 일에 진보를 조금도 이룰 수 없을 것입니다.

2. 위대한 스승 밑에 있는 신실한 학생은 순전히 스승을 신뢰하기 때문에 스승에게 절대적인 순종을 바치는 일이 쉽다는 것을 압니다.

그는 기꺼이 자신의 지혜와 뜻을 접고 더 높은 지혜와 뜻의 지도를 받는 것을 기쁘게 여깁니다.

우리는 우리 주 예수님께 이런 신뢰를 가질 필요가 있습니다. 주님은 하늘로부터 오셔서 순종을 배우셨는데, 이는 자신이 순종을 잘 가르칠 수 있기 위함이었습니다. 주님의 순종은 우리의 과거 불순종의 빚을 대신 갚아줄 뿐만 아니라 우리의 현재 순종에 대한 은혜를 베풀어주는 보고입니다. 주님의 거룩한 사랑과 인간적인 온전한 동정으로, 또 우리의 마음과 생활을 다스리는 주님의 거룩한 능력으로 주님은 우리에게 신뢰를 요구하고, 신뢰를 받으실 만하며 또 신뢰를 얻으십니다. 주님께서 우리에게 신뢰심을 일깨워 주시고 그리스도의 이 학교에서 성공할 수 있는 참된 비결을 전해주시는 것은 바로 개인적으로 주님을 찬송하고 주님께 굳게 붙어 있게 하는 능력을 통해서, 실로 성령께서 우리 마음에 하나님의 사랑을 붓고 또 우리 속에 그에 응답하는 사랑을 일으키는 하나님의 거룩한 사랑의 능력을 통해서입니다. 우리가 그리스도를 우리의 불순종의 죄를 속하는 구주로 절대적으로 신뢰하였듯이 불순종으로부터 우리를 인도하여 내시는 교사로 절대적으로 신뢰합시다. 교사로서 그리스도의 능력과 성공을 열정적으로 믿는 사람은 순종이 가능하고 쉬운 일이라는 것을 즐거이 믿고 확신합니다. 참된 순종의 비결은 바로 하루 종일 우리와 함께 하는 그리스도의 임재입니다.

3. 학생은 교사가 요구하는 대로 수업에 참석하고 주의를 기울입니다. 선생은 직접적인 교제와 지시에 얼마만큼의 시간을 할애해야 하는지를 결정합니다.

순종은 참으로 천상적인 기술이고, 우리 본성에는 낯설기 짝이 없는 기술입니다. 아드님 자신이 순종을 배워 가신 길은 아주 더디고 멀어서 우리가 그 기술을 즉시 습득하지 못한다고 해서 이상하게 생각해서는 안 될 것입니다. 그 기술을 배우기 위해서는 주님의 발 앞에서 묵상하고 기도하며 기다리는 일에, 또 하나님을 의지하고 자기를 희생하는 일에 대부분의 신자들이 생각하는 것보다 더 많은 시간이 필요하다고 할지라도 이상하게 생각해서는 안 될 것입니다. 우리는 그런 일에 더 많은 시간을 들이도록 합시다.

그리스도 예수 안에서 하늘의 순종이 다시 사람의 순종이 되었고, 그로 인해 순종은 우리의 생득권(生得權)이 되었고, 생명을 유지하는 호흡이 되었습니다. 그러므로 우리는 그리스도를 굳게 붙잡고 그의 영원하신 임재를 믿고 요구합시다. 우리의 구주로서 순종을 배우셨고, 또 우리의 선생으로서 순종을 가르치시는 예수 그리스도께서 함께 하신다면, 우리는 순종의 생활을 할 수 있습니다. 그리스도의 순종, 이것은 우리가 아무리 열심히 공부한다고 해도 부족한 과목입니다. 그리스도의 순종은 우리의 구원입니다. 그리스도 안에서, 곧 살아계신 그리스도 안에서 우리는 순종을 발견하고, 순간마다 그 순종에 참여합니다.

하나님께서 우리에게 어떻게 그리스도와 그의 순종이 매 순간 실제로 우리의 생명이 되는지를 가르쳐 주시도록 구합시다. 그러면 우리는 마음과 시간을 전부 그리스도께 드리는 학생이 될 것입니다. 그리고 그리스도께서 아버지의 명령을 지키셨고 그래서 아버지의 사랑 안에 거하시듯이 우리가 그리스도의 명령을 지키고 그리스도의 사랑 안에 거하도록 우리를 가르치실 것입니다.

제 4 장

순종의 생활에서 아침 기도 시간

"처음 익은 곡식 가루가 거룩한즉 떡덩이도 그러하고
뿌리가 거룩한즉 가지도 그러하니라." — 로마서 11:16

하나님께서 주의 첫날을 거룩한 안식의 날로 정한 것은 참으로 놀랍고
복된 일입니다. 이것은 ─ 어떤 사람들이 생각하듯이 ─ 우리가 지친
생활 가운데서 적어도 하루 휴식과 영적 원기회복의 시간을 가질 수
있게 하기 위해서가 아니라, 한 주가 시작되는 시점에 이 거룩한 하루
가 남은 전체의 기간을 거룩하게 하고, 우리가 하나님의 임재를 그 주
의 모든 시간과 모든 일 안으로 가져갈 수 있도록 우리를 돕고 또 적합
하게 만들 수 있기 위해서입니다. 처음 익은 곡식 가루가 거룩한즉 떡
덩이도 그러하고 뿌리가 거룩한즉 가지도 그러합니다.

 구약의 그토록 많은 예표들과 본보기들에 의해 시사된 이 규정 역
시 참으로 은혜로운 것입니다. 이 규정에 따를 때 하루를 시작하는 아
침 시간으로 인해 우리는 그 날 하루의 모든 일을 행할 수 있는 복을 확

보할 수 있고, 모든 시험을 이기고 승리할 수 있는 능력을 확보할 수가 있습니다. 우리와 하나님을 연결하는 그 끈이 아침 시간에 아주 단단하게 묶여 있어서 사람들이나 일에 휩싸여 움직이느라 하나님에 대해 거의 생각할 수 없는 시간에도 영혼이 안전하고 순결하게 보호를 받을 수 있고, 남모르게 예배를 드리는 가운데 자신을 하나님의 보호하심에 맡길 수 있으며, 시험이 오더라도 우리를 하나님께 더 긴밀하게 연합시키는데 도움을 주게 될 뿐이라는 것은 말로 다할 수 없이 은혜로운 사실입니다. 아침 기도 시간이 매일 그처럼 예수님께 대한 순복과 예수님께 대한 믿음을 아주 새롭게 하고 튼튼하게 하여서 순종의 생활이 다시금 활력 있게 유지될 뿐만 아니라 더욱더 힘을 얻어갈 수 있다면 참으로 칭찬하고 기뻐하지 않을 수 없습니다.

저는 순종과 아침 기도 시간의 관계가 참으로 긴밀하고 지극히 중요하다는 점을 말하고 싶습니다. 온전한 순종의 생활에 대한 바람은 이 아침 기도 시간에 새로운 의미와 가치를 부여할 것이고, 또 이 아침 기도 시간만이 순종에 필요한 힘과 용기를 제공해 줄 수 있습니다.

동기 원리(motive principle)

우리가 아침 기도 시간을 좋아하고 충실하게 지키도록 만들어줄 동기 원리를 먼저 생각해 봅시다. 우리가 아침 기도 시간을 그저 종교 생활의 의무이자 필요한 부분으로 여기고 받아들인다면, 그것은 이내 부담스러운 짐이 될 것입니다. 혹은 만일 우리의 주된 생각이 자신의 행복과 안전이라면 아침 기도 시간은 아주 매력적으로 보이게 할 만한 힘을 제공하지 못할 것입니다. 여기에는 한 가지 것만 있으면 충분할 것입니다. 즉, 하나님과 교제하고자 하는 바람만 있으면 됩니다.

우리가 하나님의 형상대로 지음을 받은 것은 바로 그 교제를 위한 것입니다. 우리는 하나님과 교제하는 가운데 영원을 보내기 소망합니다. 우리를 여기서든지 내세에서든지 진정으로 복된 삶을 살기에 적합하게 만들어 줄 수 있는 것은 하나님과의 교제뿐입니다. 하나님을 더 많이 모시는 것, 하나님을 더 잘 아는 것, 하나님으로부터 사랑과 힘의 교통을 받는 것, 우리의 생명이 하나님의 생명으로 충만해지는 것, 바로 이것을 위해 하나님께서는 우리에게 골방에 들어가 문을 닫으라고 하십니다.

우리의 영적 생명을 시험하고 강화하는 일은 바로 이 골방에서, 이 아침 기도 시간에 해야 합니다. 거기에는 하나님께서 모든 것을 주장하시게 하느냐, 우리의 생활이 절대적인 순종의 생활이 되게 하느냐를 매일 결정하는 전쟁터가 있습니다. 우리가 자신을 전능하신 주님의 손에 완전히 맡김으로 그곳을 진정으로 정복한다면, 그 날의 승리는 확실합니다. 우리가 정말로 하나님을 사랑하고 온 마음으로 하나님을 사랑하는 것을 목표로 삼는지에 대한 증거를 받아야 하는 곳이 바로 거기, 골방입니다.

그러므로 이 사실, 곧 하나님의 임재가 우리의 경건에서 가장 중요한 일이라는 이 사실을 우리가 배워야 할 첫 번째 교훈으로 삼읍시다. 하나님을 만나고, 자신을 하나님의 거룩한 뜻에 맡기며, 우리가 하나님을 기쁘시게 하고 있음을 알고, 하나님께서 우리에게 명령을 내리시며 손을 우리 위에 얹고 복을 빌며 "이 너의 힘으로 가라"(삿 6:14, 개역개정은 "가서 이 너의 힘으로" - 역자주)고 말씀하시는 것이 하나님의 임재입니다. 우리가 이 아침 기도 시간을 간절히 바라고 기뻐하게 되는 것은 우리 영혼이 날마다 이 시간에 얻는 것이 바로 이 하나님의 임재임을 배울 때입니다.

성경 읽기

하나님의 말씀 읽는 일은 골방에서 하는 일의 한 부분입니다. 이와 관련해서 몇 가지 이야기하고 싶은 것이 있습니다.

1. 한 가지는 우리가 조심하지 않으면, 우리를 하나님께로 인도하게 되어 있는 말씀이 실제로는 우리와 하나님 사이를 가로막고 하나님을 숨기게 할 수 있다는 것입니다.

사람은 자신이 발견하는 것에 사로잡히고 흥미를 가지며 즐거워 할 수가 있습니다. 그렇지만 그것은 다른 어떤 것보다 머리로만 아는 두뇌 지식(head knowledge)이기 때문에 그 지식은 우리에게 유익을 별로 가져다주지 못할 수 있습니다. 하나님의 말씀이 우리를 인도하여 하나님을 섬기도록 하고, 하나님을 영화롭게 하며 우리의 생활을 향기롭게 하고 거룩하게 하는 하나님의 은혜와 능력을 받게 하지 않는다면, 그 말씀은 도움이 되지 않고 오히려 장애가 됩니다.

2. 아무리 반복해서 말하더라도 부족하고 아무리 절박하게 강조하더라도 부족한 또 한 가지 교훈은 이것입니다. 즉, **우리가 하나님께서 그 말씀으로 전하시고자 하는 실제 의미를 파악할 수 있고, 또 하나님의 말씀이 정말로 우리의 내적 생명에 도달하여 우리 속에서 작용할 수 있는 것은 오직 성령의 가르침으로만 가능하다는 것입니다.**

하늘로부터 거룩한 신비와 메시지가 담긴 하나님의 말씀을 주신 하늘의 아버지께서는 우리에게 성령을 주어 우리 속에서 그 말씀을 설명하시고 또 내적으로 우리 것이 되게 하셨습니다. 아버지 하나님은 우리가 늘 아버지께 성령으로 우리를 가르쳐 주시도록 구하기를 바라십니다. 아버지 하나님은 우리가 가르침을 잘 듣는 유순한 마음으로 엎드리고, 성령께서 우리 마음 깊은 곳에서 하나님의 말씀이 살아서 활동하게 하실 것이라고 믿기 바라십니다. 또 아버지 하나님께서 성령을 우리에게 주신 것은 우리가 성령의 인도를 받고 성령을 따라 행하며 우리의 전 생활이 성령의 다스리심을 받도록 하기 위한 것이므로 우리가 정직하게 자신을 성령의 인도하심에 맡기지 않는다면 성령께서 아침 기도 시간에 우리를 가르치실 수 없다는 것을 기억하기를 바라십니다. 그러나 만일 우리가 이렇게 하고 하나님을 기다리며 말씀의 능력을 마음에 받는 것 외에 다른 생각을 하지 않는다면, 성령의 가르침을 기대할 수 있습니다.

여러분의 골방이 교실이 되게 하고, 여러분의 아침 기도 시간이 수업 시간이 되게 하십시오. 그 시간은 여러분이 성령의 가르침을 전적으로 의지하고 거기에 온전히 순복한다는 것을 하나님께 입증하는 때입니다.

3. 앞에서 이야기한 것을 확증하기 위해 세 번째로 말하고 싶은 것은 이 점입니다. 즉, **언제나 무조건 순종하겠다는 정신으로 하나님의 말씀을 공부하라는 것**입니다. 여러분은 그리스도께서 또 그의 사도들이 그 서신서들에서 듣고 행하지 않는 것에 대해 얼마나 많이 말하는지 알고 있습니다. 여러분이 순종하겠다는 진실하고 아주 분명한 목적이 없이 성경 공부하는데 익숙해 있다면 여러분은 점점 불순종하는 데로 마음이 굳어지고 있는 것입니다.

여러분이 자신에 관한 하나님의 뜻을 알게 되면 즉시 그 뜻을 행하는 일에 몰두하고, 또 그렇게 할 수 있는 은혜를 구할 마음이 없이 그 뜻을 읽으려고 하지 마십시오. 하나님께서 말씀을 주신 것은 우리가 행하기를 바라시는 바와 그 일을 행할 수 있도록 마련해 놓으신 은혜를 우리에게 알려주시려는 것입니다. 하나님의 말씀에 순종하려는 노력은 전혀 없이 말씀을 읽는 것 자체를 경건한 일로 생각하는 것은 참으로 슬픈 일입니다! 하나님께서 우리가 이 끔찍한 죄를 짓지 않도록 지켜주시기 바랍니다!

우리는 하나님께 이렇게 말씀드리는 것을 신성한 습관으로 삼읍시다. "주님, 내가 주님의 뜻으로 아는 것은 무엇이든지 즉시 순종하겠습니다." 언제나 기꺼이 순종하려는 마음으로 하나님의 말씀을 읽도록 합시다.

4. 또 한 가지 말씀드릴 것이 있습니다. 나는 지금까지 여러분이 이미 알고 있고 또 확실하게 이해하고 있는 명령들에 대해서 이야기했습니다. 하지만 여러분이 지금까지 한 번도 주의를 기울이지 않았을 수 있는 명령들이 아주 많고, 또 그 가운데는 적용 범위가 아주 넓어서 여러분이 아직 받아들이지 못한 명령들도 있다는 점을 기억하기 바랍니다. **하나님의 말씀을 읽을 때는 하나님의 모든 뜻을 알고자 하는 간절한 바람을 가지고 읽으십시오.** 까다롭게 보이는 것들이 있다면, 너무 높아서 도달할 수 없게 보이거나 여러분에게 실행하는 방법을 알려줄 하나님의 인도가 필요하게 보이는 명령들이 있다면, 그런 것들로 인해서 하나님의 가르침을 구하도록 하십시오. 복을 가장 많이 가져다주는 것은 아주 쉽고 많은 격려를 주는 말씀이 아니라 쉽든지 어렵든지 간에 여러분을 가장 많이 하나님께로 나아가게 만드는 말씀입니다. 하나님께서 여러분을 "모든 신령한 지혜와 총명에 하나님의 뜻을 아는 것으로 채우게 하시기"(골 1:19) 바랍니다. 이 놀라운 일이 이루어지게 되어 있는 곳이 바로 골방입니다. 여러분이 하나님께서 지금 여러분에게 어떤 일을 행하라고 말씀하고 계심을 알 때에만이 하나님께서 그 일을 행할 힘을 주신다고 확신할 수 있습니다. 우리가 기꺼이 하나님의 모든 뜻을 알려고 할 때에만 하나님께서 때로 그 뜻을 더 우리에게 나타내시고, 그러면 우리가 그 모든 것을 행할 수 있게 될 것입니다.

골방에서 하나님을 만나겠다고 굳게 결심하고 다시금 하나님께 절대적인 순종을 드리며, 하나님의 모든 뜻을 배우고 하나님 말씀에서 자기에게 제시된 모든 약속이 틀림없이 이루어질 것이라는 확신을 얻기 위해 겸손히 끈기 있게 성령님을 기다리는 사람의 생활에서 아침 기도 시간은 참으로 놀라운 능력을 발휘할 수 있습니다! 이렇게 자신을 위해 기도하는 사람은 다른 사람들을 위해 참된 중보 기도를 드릴 것입니다.

기도

이런 생각들에 비추어서 나는 이제 아침 기도 시간에 어떤 기도를 드려야 하는지에 대해 몇 마디 말씀을 드리고 싶습니다.

1. 무엇보다 여러분이 하나님의 임재를 확보하는지 보십시오.

그것이 무엇이든지 여러분이 하나님의 얼굴을 보지 못하는 것에는 만족하지 마십시오. 무엇이든지 하나님께서 여러분을 사랑으로 보고 계시고 여러분 속에서 듣고 일하고 계시다는 확신을 갖지 못하는 것에는 만족하지 마십시오.

우리의 매일 생활이 하나님으로 충만해야 한다면, 유일하게 그 날의 생명에 대해 하나님의 보증이 찍힐 수 있는 아침 시간은 말할 수 없이 더 하나님으로 충만해야 할 것입니다. 신앙에서 우리가 하나님보다 더 원하는 것은 없습니다. 다시 말해 하나님의 사랑, 하나님의 뜻, 하나님의 거룩하심, 우리 안에 거하시는 성령님, 우리 속에서 사람들을 위하여 작용하는 하나님의 능력보다 더 절실히 원하는 것은 없습니다. 하늘 아래서 하나님과의 개인적이고 친밀한 교제 외에는 이런 것을 얻을 길이 없습니다. 그리고 아침 기도 시간만큼 그것을 확보하고 실행하기에 좋은 시간은 없습니다.

우리의 신앙과 신앙 활동이 피상적이고 힘이 없는 것은 모두 하나님과의 실제적인 접촉이 지극히 적은데 원인이 있습니다. 하나님만이 모든 사랑과 선과 행복의 기초라는 것이 사실이고, 할 수 있는 대로 하나님의 임재와 교제를 많이 확보하는 것이 우리의 의지할 바이고 가장 고귀한 행복이라는 것이 사실이라면, 아침 기도 시간에 오직 하나님만을 만나는 것이 우리가 첫 번째로 관심을 가져야 할 사항이라는 것이 확실합니다.

구약의 모든 성도들에게는 하나님께서 그들에게 나타나서 말씀하시도록 하는 것이 그들의 순종과 힘의 비결이었습니다. 하나님께 자신을 계시하실 수 있도록 은밀한 시간을 드려 여러분의 영혼이 그 장소의 이름을 브니엘, 곧 "내가 하나님과 대면하여 보았나이다"(창 32:30)라고 부를 수 있도록 하십시오.

2. 다음에 생각해 볼 점은 이것입니다. 즉, 그 날에 하나님께 다시 한 번 **온전한 순종을 드리기로 마음먹는 것을 여러분의 아침 제사의 제일 중요한 부분으로 삼으라는 것입니다.**

죄에 대한 고백은 아주 분명하게 해서, 하나님을 슬프시게 해 온 것은 무엇이든지 뽑아버리고 베어버리겠다고 하십시오. 거룩한 행실을 위한 은혜를 구하는 기도를 분명하게 드려서 여러분에게 특별히 필요한 은혜와 힘을 믿음으로 구하고 받을 수 있도록 하십시오. 여러분이 하루를 시작하면서 하나님께 대한 순종을 그 날 하루의 지배 원칙으로 삼겠다고 굳게 결심하도록 하십시오.

기도로 하나님의 사랑과 복을 얻는데 있어서 하나님의 뜻에 순복하는 것만큼 확실한 방법은 없다는 것을, 아니 그것 말고 다른 방법이 없다는 것을 분명히 알기 바랍니다.

기도할 때 하나님의 복된 뜻에 절대적으로 순복하십시오. 많이 구하는 것보다 이것이 더 효과가 있을 것입니다. 하나님께서 여러분이 하나님의 뜻 안으로 들어가 거기에 머물 수 있도록 허락하는 이 큰 자비를 여러분에게 보여주시기를 하나님께 구하십시오. 그러면 여러분 생애에서 하나님의 뜻을 알고 행하는 일이 복되고 확실한 사실이 될 것입니다. 여러분의 기도가 정말로 "아침 제사", 곧 여러분 자신을 하나님의 제단에 온전한 번제로 드리는 일이 되게 하십시오.

온전한 순종을 얼마만큼 드리느냐에 따라 하나님에 대한 확신을 갖는 정도가 달라질 것입니다.

3. 그 다음에, **참된 기도와 하나님과의 교제가 전부 한쪽으로부터만 올 수 있는 것이 아니라는 점을 기억하기 바랍니다.**

우리는 조용히 기다리며 하나님께서 어떤 응답을 주시는지 들을 필요가 있습니다. 우리에게 하나님의 음성을 들려주는 것은 성령님의 직무입니다. 마음 깊은 곳에서 성령님은 우리의 기도를 들으셨고, 그래서 우리가 만족하며, 아버지께서 우리가 구한 것을 책임지고 우리를 위해 행하신다는 은밀하지만 아주 분명한 확신을 주실 수 있습니다.

그 음성을 듣고 그 확신을 얻기 위해 우리에게 필요한 것은 하나님을 기다리는 조용한 태도, 하나님을 신뢰하는 조용한 믿음, 하나님 앞에서 자신이 아무것도 아님을 인정하고 겸손히 엎드리고 하나님께서 자신의 모든 것의 모든 것이 되시도록 허락하는 조용한 마음입니다.

우리가 구하는 것을 받을 수 있고, 또 순종의 제사로 자신을 드리는 것이 받아들여지고, 따라서 성령께서 우리를 하나님의 모든 뜻 안으로 인도하여 하나님의 의도하시는 대로 그 뜻을 알고 행하게 하시리라고 기대할 수 있다는 확신이 우리에게 오는 것은 바로 우리 기도에 하나님께서 관여하시도록 기다리는 때입니다.

아침 기도 시간이 이렇게 삼위 하나님과 함께 보내는 시간이 된다면, 곧 아버지께서 아들과 성령님을 통하여 그 날을 위하여 우리의 마음을 차지하시는 시간이 된다면, 이 시간에 놀라운 영광이 우리에게 올 것이고, 그로 말미암아 우리 매일의 생활에도 놀라운 영광이 들어올 것입니다. 그렇게 된다면 하나님의 자녀들에게 아침 기도 시간을 지키라고 열심히 권하고 호소할 필요가 별로 없을 것입니다!

4. 이제 마지막이면서 가장 중요한 점을 생각해볼 차례입니다. **여러분은 다른 사람들을 위한 중보 기도를 드리십시오.**

아버지 하나님과의 모든 교제에서 그러셨듯이 우리 주 예수님의 순종에서 가장 중요한 요소는 그것이 전부 다른 사람들을 위한 것이었다는 점입니다. 성령님은 몸의 모든 지체를 통해 흐릅니다. 우리가 이 사실을 알고 거기에 순복하면 할수록 그만큼 더 우리의 생활이 하나님께서 의도하시는 대로 되어갈 것입니다. 최고의 기도는 중보 기도입니다. 하나님께서 아브라함과 이스라엘과 우리를 택하신 중요한 목적은 우리를 세상의 복이 되게 하시려는 것이었습니다. 우리는 왕 같은 제사장, 곧 제사장 같은 사람들입니다. 기도가 개인의 향상과 행복의 수단으로만 있는 한, 우리는 기도의 능력을 온전히 알지 못합니다. 중보 기도가 주변 사람들의 영혼을 위한 진실한 열망이 되고, 그들의 죄와 궁핍이라는 짐을 실제로 지는 것이 되며, 하나님 나라의 확장을 위한 참된 호소가 되고, 분명한 목적들을 실현하기 위해 기도로 수고 하십시오. 아침 시간에 그런 중보 기도를 드리고, 또 어떤 새로운 관심사와 마음을 끄는 것을 위해 중보 기도를 드리도록 하십시오.

중보 기도! 중보 기도가 의미하는 바가 무엇인지 제대로 알면 좋겠습니다! 중보 기도는 그리스도의 이름과 의와 덕을 취하고, 그것들을 입고, 그것들 속에서 하나님 앞에 나타나는 것입니다! 그리스도께서 더 이상 세상에 계시지 않으므로 "그리스도를 대신하여"(고후 5:20) 개인들의 이름을 들어 구하고 또 하나님의 은혜가 일을 할 수 있는 형편을 들어 하나님께 구하는 것입니다! 우리를 받아들이시고 성령으로 우리에게 기름을 부어 일을 하기에 적합하게 하신다는 것을 믿으므로 우리의 기도가 "영혼을 사망에서 구원할"(약 5:20) 수 있고, 이 땅에 하늘의 복을 베풀 수 있다는 것을 아는 것입니다! 날마다 아침 기도 시간에 이 일을 다시 새롭게 시행할 수 있고, 각 사람이 마음으로 하늘과의 교통을 지속하며 하늘의 복을 땅에 내리게 하는 일을 함께 도울 수 있다고 생각하는 것입니다.

가장 고귀한 경건, 곧 진정으로 그리스도를 닮은 모습이 형성되는 것은 열심으로 기도하는 것보다는 적은 기도로도 효력을 발휘하는 중보 기도를 통해서입니다. 신자가 세상에 생명과 복을 나누어 주는 능력에서 진정으로 고귀한 위치에 오르는 것은 중보 기도를 통해서입니다. 우리가 교회와 사람들을 위한 교회의 활동에서 하나님의 능력이 조금이라도 크게 증가되는 것을 기대할 수 있고, 따라서 관심을 쏟아야 하는 것은 바로 이 중보 기도입니다.

결론으로 한 마디 말씀드리겠습니다. 앞으로 돌아가서 순종과 아침 기도 시간 사이의 긴밀하고 지극히 중요한 관계에 대해서 다시 한 번 생각해 봅시다.

순종이 없다면 하나님의 말씀과 뜻을 알 수 있는 영적 능력이 생길 수 없습니다. 순종이 없다면 하나님의 말씀과 뜻을 들었다는 확신과 담대함과 자유가 있을 수 없습니다. 순종은 하나님의 뜻 안에서 하나님과 교제하는 것입니다. 순종이 없다면 하나님께서 우리를 위해 마련하신 복들을 보고 주장하며 붙잡을 수 있는 능력이 없는 것입니다.

그리고 반대쪽에서 보자면 아침 기도 시간에 하나님과의 분명하고 생생한 교제가 없다면 순종의 생활은 유지될 수가 없습니다. 아침마다 다시 힘 있게 순종의 서약을 하고 하늘로부터 승인을 받을 수 있는 것은 바로 그 교제의 자리입니다. 순종을 가능하게 만드는 하나님의 임재와 교제를 확보할 수 있는 것은 바로 그 자리입니다. 한 분의 순종으로 말미암아 또 그분과의 연합으로 말미암아 하나님께서 요구하시는 모든 것을 감당할 힘을 받는 것은 바로 그 자리입니다. 주님의 뜻에 대한 영적인 이해, 이것이 주님께 합당하게 행하여 주님을 기쁘시게 하는 데로 인도하는데, 이 영적 이해를 받는 곳이 바로 그 자리입니다.

　하나님께서 자기 자녀들을 부르신 것은 천상적이고 초자연적인 놀라운 삶을 살도록 하기 위해서입니다. 날마다 이 아침 기도 시간이 여러분에게는 하늘의 빛과 능력이 하나님을 기다리는 마음속으로 흘러들어오도록 하고, 또 그 빛과 능력을 받고 나가서 하루 종일 하나님과 동행하도록 하는 활짝 열린 하늘 문이 되도록 하십시오.

제 5 장

온전한 순종의 생활을 시작하기

"죽기까지 복종하셨으니." — 빌립보서 2:8

지금까지 순종의 생활에 대해 말한 것은 결국 그 생활을 시작하는 것을 생각해 보기 위함입니다.

여러분은 가장 완전한 순종이 나오는 이 본문을 순종의 생활의 시작에 대해 이야기하면서 우리의 주제로 삼는 것은 실수라고 생각할지 모릅니다. 그러나 이것은 실수가 아닙니다. 경기에서 성공의 비결은 처음부터 목표를 분명히 알고 겨냥하는 것입니다.

"그가 죽기까지 복종하셨느니라." 우리 가운데 누구에게도 이와 다른 그리스도는 없습니다. 하나님을 기쁘시게 하는 순종은 이것 말고 없으며, 우리가 본받아야 할 모범도 이것 말고 없고, 순종을 배워야 할 선생은 그리스도 말고 달리 없습니다. 그리스도인들이 말할 수 없이 많은 어려움을 겪는 것은 그들이 이 순종을 자신들이 목표로 삼고 나가야 하는 유일한 순종으로 즉시 그리고 진심으로 받아들이지 않기 때문입니다.

아무리 어린 그리스도인이라도 그리스도의 학교에서는 아예 처음부터 죽기까지 순종하겠다는 기도와 서약을 하는 것이 힘이라는 것을 알 것입니다. 죽는 데까지 나아간 순종이 그리스도의 아름다움이고 또한 영광입니다. 이 순종에 참여하는 것이 그리스도께서 주시는 최고의 복입니다. 이 복을 바라고 받아들이는 것은 아무리 어린 신자에게도 가능한 일입니다.

그 순종이 무엇을 의미하는지 깨닫고 싶다면 고대 역사에 나오는 이야기를 생각해 보기 바랍니다. 자기를 따르는 대군을 거느리는 교만한 왕이 작지만 용감한 민족의 왕에게 항복을 요구합니다. 교만한 왕의 사절들이 왕의 전언을 가지고 왔을 때, 작은 민족의 왕이 병사들 가운데 한 사람에게 칼로 자결하라고 명령합니다. 그러자 즉시 그 병사는 자결합니다. 두 번째 병사에게 왕이 요구합니다. 그도 즉시 그 명령에 복종합니다. 세 번째 병사를 부르자 그도 즉시 죽기까지 복종합니다.

"가서 여러분의 군주에게 말하라. 내게는 이런 병사가 3천 명이 있으니 올 테면 오라고."

그 왕은 왕의 명령 한 마디면 자기 목숨을 귀하게 여기지 않는 병사들을 의지할 수 있었습니다.

하나님께서 원하시는 것이 바로 그런 순종입니다. 하나님께서 가르치시는 것이 바로 그런 순종입니다. 우리도 그런 순종을 배웁시다. 그리스도인 생활을 맨 처음 시작할 때부터 이 순종을 우리의 목표로 삼읍시다. 그렇게 해서 그리스도를 주라고 부르면서 그리스도께서 말씀하시는 것을 행하지 않는 치명적인 잘못을 피하도록 합시다.

조금이라도 자신이 불순종의 죄를 지었다고 생각하는 사람은 모두 우리가 하나님의 말씀을 공부할 때 불순종을 피하고 그리스도께서 주실 수 있는 생명을 시작하는 법, 곧 온전한 순종의 생활을 시작하는 법을 잘 듣기를 바랍니다.

불순종의 죄를 고백하고 씻기

이것이 첫 걸음이 되어야 한다는 것은 쉽게 알 수 있습니다. 다른 누구보다도 하나님 백성들의 불순종에 대해서 말하는 선지자인 예레미야서에서 하나님은 이렇게 말씀하십니다. "여호와께서 이르시되 배역한 이스라엘아 돌아오라 …… 나는 긍휼이 있는 자라 …… 너는 오직 네 죄를 자복하라 이는 내 목소리를 듣지 아니하였음이라 여호와의 말씀이니라 여호와의 말씀이니라 배역한 자식들아 돌아오라"(3:12-14).

회심할 때 죄의 고백 없이는 용서가 있을 수 없듯이 회심 후에도 새롭고 더 깊은 죄의 자각과 고백이 없이는 죄와 죄가 가져오는 불순종의 압도적인 세력으로부터의 구원은 있을 수 없습니다.

우리의 불순종에 대한 생각은 막연하고 일반적이어서는 안 됩니다. 우리가 실제로 불순종하는 구체적인 일들을 분명하게 알아야 하고 그 죄를 고백하고 버리며 그리스도의 손에 넘기고 그리스도에 의해 깨끗이 씻겨야 합니다. 그때에야 비로소 참된 순종의 길에 들어가는 희망이 있을 수 있습니다.

우리 주님의 가르침에 비추어 자신의 생활을 살펴봅시다.

1. 그리스도께서는 율법에 호소하셨습니다.

그리스도는 율법을 폐하기 위해서가 아니라 율법을 성취하러 오셨습니다.예수께서 젊은 관원에게 " 네가 계명을 아느니라"(막 10:19)고 말씀하셨습니다. 율법을 우리의 첫 번째 시금석으로 삼읍시다.

거짓말과 같은 죄를 생각해 봅시다. 나는 예전에 한 젊은 여성으로부터 쪽지를 받았는데, 자기는 전적으로 내 말을 따르고 싶고, 자신이 내게 한 거짓말을 솔직하게 털어놓아야 하겠다고 느낀다는 내용이었습니다. 그녀가 거짓말을 했다고 하는 것이 중요한 문제는 아니었지만, 그렇게 털어놓는 것이 자신이 그 문제를 잊어버리는데 도움이 될 것이라고 판단한 것은 옳았습니다.

일반 사회에서, 또 학교생활에서도 엄격한 진실함의 시험을 견디지 못할 것이 참으로 많습니다! 그리고 그 외에도 그리스도인이 너무도 자주 불순종하고 마는 계명들이 있습니다. 내 것이 아닌 것을 탐내고 갈망하는 모든 것에 대한 정죄가 따르는 계명들이 있습니다.

이 모든 것이 완전히 끝나야 합니다. 만일 온전한 순종의 생활을 시작할 생각이 조금이라도 있다면, 우리는 죄를 고백하고 하나님의 힘으로 영원히 죄를 버려야 합니다.

2. 그리스도께서는 새로운 사랑의 법을 계시하셨습니다.

하늘에 계신 아버지처럼 자비를 베푸는 것, 아버지께서 하시는 것과 똑같이 용서하는 것, 원수를 사랑하고 우리를 미워하는 자들에게 선을 행하는 것, 자기희생과 자선의 생활을 하는 것, 바로 이것이 예수께서 땅에서 가르치신 종교였습니다.

누군가로 인해 분을 품게 되거나 학대를 받을 때 용서하지 못하는 심정을 보고, 사랑이 없는 생각과 날카롭고 불친절한 말, 자비를 보이고 선을 행하며 복을 빌라는 요청을 무시하는 행동을 생각해 봅시다. 이 모든 것이 아주 큰 불순종입니다. 온전한 순종의 능력을 얻을 수 있으려면 그 불순종을 알고 슬퍼하며 뽑아버려야 합니다.

3. 그리스도께서는 자기 부인에 대해 많이 말씀하셨습니다.

사랑이 부족한 모든 일과 불순종의 뿌리는 자기입니다. 우리 주님은 제자들에게 자기를 부인하고 자기 십자가를 지며 모든 것을 버리고 자신의 생명을 미워하고 버리며 겸손하여 모든 사람의 종이 되라고 요구하셨습니다. 자기, 곧 자기 뜻, 자기를 기쁘게 하는 것, 자기를 추구하는 것이 모든 죄의 원천이기 때문에 예수께서 그같이 요구하셨습니다.

우리가 먹고 마시는 일에 탐닉함으로써 육신을 즐겁게 할 때, 우리의 교만을 만족시키는 것을 추구하거나 받아들이고 즐거워함으로써 자기를 만족시킬 때, 자기 뜻을 앞세우고 자기 욕망을 성취하려고 할 때, 하나님의 명령에 불순종하는 죄를 짓는 것입니다. 이 불순종은 점차 영혼을 어둡게 하고 하나님의 빛과 평안을 온전히 누릴 수 없게 만듭니다.

4. 그리스도께서는 온 마음으로 하나님을 사랑하라고 요구하셨습니다.

자신에 대해서도 마찬가지로 모든 것을 희생하고 와서 자기를 따르라고 요구하셨습니다. 마음에서 이것을 분명하게 자신의 목표로 삼지 않은 그리스도인, 살기 위해서 은혜를 구해야겠다고 결심하지 않은 그리스도인은 불순종의 죄를 범하는 것입니다. 그의 신앙에 선하고 진실해 보이는 것이 많이 있을 수 있습니다. 그러나 그는 자신이 하나님의 뜻을 행하고 있고 하나님의 계명을 지키고 있다는 즐거운 생각을 가질 수 없습니다.

와서 진정한 순종의 생활을 새롭게 시작하라는 요구를 들을 때, 그렇게 하기를 바라고 조용히 그런 생활로 들어가려고 하는 사람들이 많습니다. 그들은 기도와 성경 공부를 더 많이 하면 점점 그런 생활로 들어가고, 점차 그 생활이 자기에게 올 것으로 생각합니다. 그들은 크게 잘못 생각하고 있습니다. 하나님께서 예레미야서에서 사용하시는 단어가 그들에게 그들의 잘못을 가르쳐 줄 수 있을 것입니다. "배역한 자식들아 돌아오라."

아주 진심으로 온전한 순종의 서약을 한 사람은 힘없는 순종에서 좀 더 온전한 순종으로 자랄 수 있습니다. 그러나 불순종하는 가운데 있다가 갑자기 순종으로 나아가는 일은 없습니다. 돌아가는 일, 곧 떠나는 일, 결단, 위기가 필요합니다. 그리고 그것은 그동안 잘못해 온 일에 대한 아주 분명한 인식과 부끄러움과 회개의 심정으로 그 사실을 고백할 때에만 옵니다. 그때에야 비로소 영혼이 하나님께서 그 모든 더러움에서 자신을 아주 깨끗하게 씻어주시기를 — 그러면 새 마음을 선물로 받았다는 의식이 생길 것입니다 ― 구하고, 또 새 마음 안에 거하시는 성령께서 우리로 하여금 하나님의 법대로 행하게 해 주시기를 구할 것입니다.

여러분이 다른 생활을 하고 싶다면, 그리스도를 닮아 죽기까지 순종하는 사람이 되고 싶다면, 죄를 깨닫게 하시는 성령께서 여러분의 모든 불순종을 드러내 보이시고 여러분이 겸손히 죄를 고백하며 하나님께서 마련하신 죄 씻음에 이르게 해 주시도록 하나님께 구하는 것부터 시작하십시오. 그 응답을 받기까지 쉬지 마십시오.

순종이 가능하다는 믿음

이것은 두 번째 단계입니다. 이 단계를 밟기 위해서 우리는 순종이 무엇인지를 시험해서 분명히 알아야 합니다.

1. 이것을 위해서 우리는 의식적인 죄와 무의식적인 죄 사이의 차이를 주의해서 보아야 합니다. 순종이 관계되는 것은 의식적인 죄에 대해서만입니다.

하나님께서 자기 자녀에게 주시는 새 마음이 죄 많은 육신 가운데 있다는 것을 우리는 압니다. 참된 순종으로 행하는 사람 안에서도 이 육신으로부터 교만에서 나오는 악한 생각들, 사랑 없음, 불순함이 일어날 수 있고, 그는 이런 것들을 직접적으로 통제할 수 없습니다. 이런 것들이 그 성격상 아주 악하고 심각한 죄이지만, 이런 것들이 범법의 행위들로서 사람들에게 전가되지는 않습니다. 이런 것들은 앞에서 우리가 말한 불순종처럼 신자가 그치고 내던질 수 있는 불순종의 행위들이 아닙니다. 순종은 언제나 회심한 사람의 의지에 의해서 일어나지만, 이런 것들로부터 구원받는 일은 회심한 사람의 의지로 말미암아 오지 않고 다른 방식으로 옵니다. 곧, 그리스도의 피와 내주하시는 정결하게 하는 능력으로 말미암아 옵니다. 죄악 된 본성이 일어날 때 그가 할 수 있는 일은 죄악 된 본성을 미워하고 자신을 정결하게 하고 또 깨끗하게 보존하시는 그리스도의 피를 의지하는 것밖에 없습니다.

그 차이를 주의해서 보는 것이 대단히 중요한 일입니다. 그러면 그리스도인의 순종이 불가능하다는 생각을 하지 않게 됩니다. 순종할 수 있는 영역에서는 순종을 하려고 하고 또 순종을 드리려는 용기를 갖게 됩니다. 그리고 순종할 수 있는 영역에서 순종하려는 의지의 능력이 유지되는 꼭 그만큼 의지의 능력이 미치지 못하는 영역에서도 정결하게 하는 사역을 행하시도록 성령의 능력을 기대할 수 있고 또 얻을 수 있습니다.

2. 이 어려움을 해결한 후에는 정말로 순종이 가능한지 의심하게 만드는 두 번째 어려움이 종종 발생합니다.

사람들은 순종을 절대적인 완전의 개념과 연결시킵니다. 사람들은 성경의 모든 명령들을 다 모으고, 이 명령들이 가리키는 모든 은혜들을 생각하며, 순종하는 사람으로서 모든 순간 완전하게 이 모든 은혜를 받는 어떤 사람을 생각합니다. 이것은 하늘의 아버지 하나님께서 요구하시는 것과 전혀 다른 생각입니다! 아버지께서는 그의 각 자녀가 지닌 각기 다른 능력과 재능들을 고려하십니다. 하나님은 각 자녀에게 한 번에 그 날 하루의 순종 혹은 그보다는 매 시간의 순종을 요구하실 뿐입니다. 하나님은 내가 알고 있는 모든 명령을 정말로 결심을 하고 전심으로 수행하려고 했는지를 보십니다. 내가 정말로 하나님의 뜻을 알고 행하기를 열망하고 배우려고 하는지 보십니다. 그의 자녀가 단순한 믿음과 사랑으로 이렇게 할 때 하나님께서 그 순종을 받으십니다. 성령께서는 우리가 하나님을 기쁘시게 하고 있다는 즐거운 확신을 주시며, "우리가 그의 계명을 지키고 그 앞에서 기뻐하시는 것을 행하기 때문에 하나님 앞에서 담대함을 얻을"(요일 3:21-22) 수 있게 하십니다.

이 순종은 사실 절대적으로 완전한 것이 아니라 은혜를 얻을 만한 정도의 것입니다. 바로 그렇게 생각하는 믿음이 이 순종의 행위에 절대로 필요합니다.

여러분은 그 믿음의 근거가 하나님의 말씀에 있는지 묻습니다. 그 믿음의 근거는 다음의 새 언약의 약속에서 찾을 수 있습니다. "내가 나의 법을 ……그들의 마음에 기록하리라. 내가 그들에게 …… 나를 경외함을 그들의 마음에 두어 나를 떠나지 않게 하리라"(렘 31:33; 32:40).

옛 언약의 큰 결함은 옛 언약이 순종을 요구하였지만 순종할 수 있는 능력은 제공하지 못한 것이었습니다. 이 일을 새 언약이 하였습니다. 여기서 마음이란 사랑, 곧 생명을 의미합니다. 율법을 마음에 기록한다는 의미는 율법이 거듭난 사람의 가장 깊은 생명과 사랑을 점유하였다는 것입니다. 새 마음은 하나님의 법을 기뻐합니다. 그래서 그 법에 순종하려고 하고 또 순종할 수 있습니다.

여러분은 이 점을 의심하고, 여러분의 경험을 통해서도 확인하지 못합니다. 놀랄 일이 아닙니다! 하나님의 약속은 믿음으로 붙잡을 수 있는 것입니다. 여러분이 하나님의 약속을 믿지 않으면 그 약속을 경험할 수 없습니다.

여러분은 눈에 보이지 않는 필기용 잉크가 무엇인지 압니다. 여러분이 그 잉크로 종이에 글을 써도, 그 비밀을 알지 못하는 사람은 아무것도 보지 못합니다. 그 사실을 알려주면, 그 사람은 믿음으로 그 사실을 압니다. 그 종이를 들어 햇빛을 쬐이거나 거기에 화학 약품을 떨어트리면, 숨어 있는 글씨가 나타납니다. 그와 같이 하나님의 법이 여러분의 마음속에 기록되어 있습니다. 여러분이 이 사실을 굳게 믿고 하나님의 율법이 여러분의 가장 깊은 곳에 있다고 하나님께 말씀드리고, 여러분의 마음을 들어 성령의 빛과 열에 쬐이면, 그것이 사실임을 발견할 것입니다. 하나님의 법이 여러분 마음속에 기록되어 있다는 것은 하나님의 명령에 대한 뜨거운 사랑과 더불어 그 명령에 순종할 능력이 여러분에게 있음을 의미한다는 것을 알게 될 것입니다.

새 언약, 곧 은혜 언약 안에서 우리의 순종을 확보하기 위해 세워진 그 준비는 참으로 분명하고 확실하며 충분합니다!

나폴레옹의 병사들 가운데 한 병사에 대한 이야기를 들었습니다. 의사가 심장 가까이에 박힌 탄환을 뽑아내려고 하고 있었습니다. 그때 병사가 "조금만 더 깊이 들어가면 나폴레옹이 새겨진 곳을 만날 겁니다" 하고 소리쳤습니다.

그리스도인 여러분, 하나님의 법이 여러분 존재의 가장 깊은 곳에 살아 있음을 믿으십시오! 다윗의 말이고 또 그리스도의 말씀인 이 말씀을 믿음으로 고백합시다. "나의 하나님이여 내가 주의 뜻 행하기를 즐기오니 주의 법이 나의 심중에 있나이다"(시 40:8).

이 말씀을 믿으면 순종이 가능하다는 것을 깨달을 것입니다. 그리고 그 믿음은 여러분이 진정한 순종의 생활을 시작하도록 도울 것입니다.

불순종에서 나와 순종의 생활로 들어가는 것은 그리스도께 순복함으로 말미암아 이루어짐

"배역한 자식들아 돌아오라 내가 너희의 배역함을 고치리라"(렘 3:22)고 하나님께서 이스라엘에게 말씀하셨습니다. 그들은 하나님의 백성이었지만 하나님에게서 돌아섰습니다. 그들이 하나님께로 돌이키는 일은 즉각적이고 온전한 것이 되어야 합니다. 불순종의 분열된 생활을 버리고 하나님의 은혜를 믿는 마음으로 "순종하겠습니다" 하고 말하는 것은 한순간에 할 수 있는 일입니다.

그렇게 할 수 있는 능력, 서약을 하고 유지하는 일, 곧 서약을 행할 수 있는 능력은 살아계신 그리스도로부터 옵니다. 우리는 앞에서 순종의 능력은 생생하고 개인적인 그리스도의 임재의 강력한 영향력에 있다고 말했습니다. 우리가 하나님의 뜻을 어떤 책이나 사람들로부터 알게 되는 한, 실패할 수밖에 없을 것입니다. 만일 예수님을 우리의 주님이시자 힘으로서 끊임없이 우리 가까이 모신다면, 우리는 순종할 수 있습니다. 명령하는 목소리는 명령에 순종하도록 분발시키는 목소리입니다. 인도하는 눈은 인도하는 대로 가도록 부추기는 눈입니다. 그리스도는 우리에게 모든 것의 모든 것이 되십니다. 즉, 명령하시는 주이시고, 가르치시는 모범이시며 힘을 북돋우는 조력자이십니다. 불순종의 생활을 버리고 그리스도께 돌아가십시오. 믿고 순복하는 태도로 자신을 그리스도께 드리십시오.

순복하는 태도로. 그리스도께 모든 것을 드리십시오. 여러분의 생활이 온전히 그리스도로 가득 차고 그리스도의 임재와 그의 뜻과 그에 대한 봉사로 가득 찰 수 있게 하십시오. 자신을 그리스도께 드리십시오. 단지 불순종으로부터 구원받기 위해서가 아니라 여러분이 죄 짓는 일과 근심이 없이 복되게 살 수 있도록 자신을 그리스도께 드리십시오. 그리스도께서 여러분을 전적으로 자신의 것으로, 곧 사람들을 위한 주님의 생명과 사랑으로 채우는 그릇과 수로로 삼으실 수 있게 하십시오.

또한 믿음으로. 새 믿음으로 그리스도께 모든 것을 드리십시오. 사람이 그리스도 안에서 새 것, 곧 지속적인 순종의 능력을 볼 때, 그리스도의 큰 구속의 이 특별한 복을 받아들이기 위해서는 새로운 믿음이 필요합니다. 그가 속죄의 "죽음을 죽기까지 복종하셨다"는 것을 안 믿음은 이제 성경이 "너희 안에 이 마음을 품으라 곧 그리스도 예수의 마음이니 …… 자기를 낮추시고 죽기까지 복종하셨느니라"(빌 2:5-8)고 말하는 대로 그 말씀을 받아들이는 법을 배웁니다. 그것은 그리스도께서 우리 안에 자신의 마음과 성령을 주셨고, 그 사실을 믿고서 그렇게 살고 실행하도록 준비하는 것입니다.

하나님께서 그리스도를 세상에 보내신 것은 순종이 다시 우리 마음과 생활에서 제 위치를 찾고, 사람이 하나님을 순종하는 일에서 하나님이 두신 위치에 다시 이르도록 하기 위해서였습니다. 그리스도는 오셔서 죽기까지 순종하심으로써 유일하게 참된 순종이 무엇인지 증명하셨습니다. 그리스도께서 유일하게 참된 순종을 실행하고 자기 안에서 완성하여 생명이 되게 하셨는데, 이 생명은 주께서 죽음을 통해 획득하신 것이고 이제 우리에게 전해 주시는 것입니다. 우리를 사랑하시는 그리스도, 우리를 인도하고 가르치며 기운을 돋우시는 그리스도는 죽기까지 순종하신 그리스도입니다. "죽기까지 순종하는 것"이 그리스도께서 주시는 생명의 본질입니다. 우리는 그 생명을 받고, 주께서 우리 안에 그 생명을 나타내 주시기를 바라겠습니까?

여러분은 이 복된 순종의 생활을 시작하겠습니까? 여기 열린 문이 있습니다. 그리스도께서 "나는 문이라"(요 10:7)이라고 말씀하십니다. 여기 새롭고 산 길이 있습니다. 그리스도께서 "나는 길이라"(14:6)고 말씀하십니다.

우리는 이 점을 알기 시작합니다. 우리의 불순종은 모두 그리스도를 바르게 알지 못한 데서 일어난 것입니다. 우리는 이 사실을 압니다. 순종은 그리스도와의 끊임없는 교제의 생활에서만 가능합니다. 그리스도의 음성의 영감과 그리스도의 눈의 빛, 그리스도의 손의 붙잡음이 순종의 생활을 가능하게 하고, 확실하게 만듭니다.

와서 자신을 그리스도께 드리고, 그리스도께서 우리가 자기와 함께 그의 모든 것을 받게 하고 그리스도처럼 되게 하신다는 것을 믿고서 죽기까지 순종합시다.

제 6 장

믿음의 순종

"믿음으로 아브라함은 순종하여." ― 히브리서 11:8

아브라함은 후에 유업으로 받을 곳으로 가라는 명령을 받았을 때 믿음으로 순종하여 "갈 바를 알지 못하고"(히 11:8) 나아갔습니다. 그는 하나님께서 말씀하신 가나안 땅이 있다고 믿었습니다. 그 땅을 자기에게 유업으로 보장된 "약속의 땅"으로 믿었습니다. 그는 하나님께서 자신을 그곳으로 데려 가시고 그 땅을 그에게 보이며 주시리라고 믿었습니다. 그 믿음으로 "갈 바를 알지 못하고" 나아갔습니다. 알지 못하였지만 복된 믿음으로 하나님을 신뢰하고 순종하였으며 유업을 받았습니다.

우리 앞에 펼쳐진 약속의 땅은 복된 순종의 생활입니다. 우리는 나아가서 거기에 거하라는 하나님의 부르심을 들었습니다. 그 점에 관해서는 어떤 오해도 있을 수 없습니다. 우리를 그곳으로 데려가고 우리에게 그 땅을 소유하도록 하시겠다는 그리스도의 약속을 들었습니다.

그 점은 분명하고 확실합니다. 우리는 자신을 주님께 드렸고 우리 아버지께 이 모든 것이 우리 안에서 실현되게 해 주시기를 구했습니다. 지금 우리의 바람은 우리의 생활과 활동의 모든 것이 향상하여 거룩하고 즐거운 순종이 될 수 있고, 또 우리를 통해서 하나님이 다른 사람들에게서도 순종을 그리스도인 생활의 기본 방침으로 삼으실 수 있도록 하는 것입니다. 우리의 목표는 고상합니다. 그 목표는 위로부터 오는 능력을 새로 받음으로써만 이룰 수 있습니다. 우리가 순종하고 그 약속을 얻을 수 있는 것은 그리스도 안에서 얻는 이 천상의 세계를 새롭게 보고 그 세계의 능력을 붙잡는 믿음을 통해서만입니다.

이 모든 것을 생각하면서 우리가 사는 것은 오직 하나님을 기쁘시게 하고 하나님의 뜻을 이루기 위해서라는 확신을 우리 스스로 갖고 다른 사람들에게 심어주어야 하겠다고 이야기하면 금방 이렇게 말할 사람들이 있습니다. "이것은 우리가 들어가도록 부름 받은 약속의 땅이 아니고 무거운 짐과 어려움과 확실한 실패의 생활이다."

형제 여러분, 그렇게 말하지 마십시오! 하나님은 정말로 여러분을 약속의 땅으로 부르십니다. 하나님이 여러분 안에서 무슨 일을 하실 수 있는지 와서 시험해 보십시오. 그리스도를 닮아 죽기까지 순종하는 고귀함이 어떤 것인지 와서 경험해 보십시오. 그리스도와 함께 항상 찬송 받으실 하나님의 지극히 거룩한 뜻에 전적으로 순종하는 사람에게 하나님께서 어떤 복을 주시는지 와서 보십시오. 온전한 순종의 이 좋은 땅을 믿고, 여러분을 그 땅으로 부르시는 하나님, 여러분을 그 땅으로 데리고 가실 그리스도, 거기 거하며 모든 일을 행하시는 성령님을 믿으십시오. 믿는 자는 그 땅에 들어갑니다.

그 다음에는 믿음의 순종에 대해서 이야기하고, 모든 순종을 위한 충분한 능력으로서 믿음에 대해 이야기하겠습니다. 나는 이 좋은 땅에서 생활을 시작하는 신자의 마음을 다음의 간단한 다섯 마디가 나타낸다고 봅니다. 그 다섯 마디는 이것입니다: 나는 그 땅을 본다. 그 땅을 바란다. 그 땅을 기대한다. 그 땅을 받아들인다. 그리스도께서 그 땅을 주실 것을 믿는다.

믿음으로 그 땅을 본다

지금까지 나는 여러분에게 그 땅의 지도를 보여주고 그 땅에서 가장 중요한 곳들을 표시하며 하나님께서 사람을 만나 복을 베푸시는 곳을 보여주려고 애썼습니다. 지금 우리에게 필요한 것은 그 문제를 믿음으로 조용하고 분명하게 해결하는 것입니다. 하나님의 능력에 의해 지속적인 순종이 확실히 가능한 그런 약속의 땅이 정말로 있습니까?

이 점에 대해 조금이라도 의심이 있는 한, 올라가서 그 땅을 차지하는 것은 완전히 불가능한 일입니다. 아브라함의 믿음을 한 번 생각해 보십시오. 아브라함은 하나님을 믿었습니다. 곧, 하나님의 전능하심과 신실하심을 믿었습니다. 나는 그동안 여러분 앞에 하나님의 약속들을 제시하였습니다. 또 다른 약속을 들어보십시오. "내가 새 마음을 너희에게 주되 …… 또 내 영을 너희 속에 두어 너희로 내 율례를 행하게 하리니 너희가 내 규례를 지켜 행할지라"(겔 36:26-27). 여기에 하나님의 언약의 약속이 있습니다. 하나님은 또 이렇게 말씀하십니다. "나 여호와가 말하였으니 이루리라"(36절). 하나님은 여러분에게 순종할 마음을 일으키고 또 순종할 수 있게 하십니다. 하나님은 그리스도와 성령 안에서 자신의 약속을 이루는 지극히 놀라운 방책을 마련하셨습니다.

아브라함이 행한 대로 하십시오. 즉, 하나님을 믿으십시오. "그가 ······ 믿음으로 견고하여져서 하나님께 영광을 돌리며 약속하신 그것을 또한 능히 이루실 줄을 확신하였느니라"(롬 4:20-21). 하나님의 전능하심이 아브라함의 버팀줄이었습니다. 여러분도 그것을 버팀줄로 삼으십시오. 여러분은 하나님의 말씀이 제시하는 모든 약속들, 곧 깨끗한 마음, 거룩함에 흠이 없는 확실한 마음, 거룩하고 의로운 생활, 주님의 모든 계명을 행하는 하나님을 기쁘시게 하는 흠 없는 행실, 하나님께서 우리 안에서 행할 마음을 일으키고 또 행하게 하심, 우리 속에서 하나님이 기뻐하시는 일을 행하실 것이라는 모든 약속들을 보되, 하나님이 이렇게 말씀하시고 또 그의 능력으로 이루실 수 있다는 단순한 믿음으로 보십시오. 온전한 순종의 생활이 가능하다는 확신을 가지십시오. 믿음은 보이지 않는 것과 불가능한 것을 볼 수 있습니다. 여러분의 마음이 이렇게 말할 때까지 이 환상을 응시하십시오. "그것은 사실임에 틀림없어. 그것은 사실이야. 내가 전에 알지 못했던 생명이 약속되어 있어."

믿음은 그 땅을 바란다

복음서 이야기를 읽고 병든 자들과 소경들과 가난한 자들이 그리스도의 말씀을 아주 즉각적으로 믿는 것을 보면서 종종 나는 우리와 다르게 그들로 하여금 그처럼 즉각적으로 믿게 만든 것이 무엇이었는지 자문해 봅니다. 내가 하나님의 말씀에서 얻는 답변은 이것입니다. 즉, 한 가지 큰 차이점은 그 바람의 정직성과 강렬함에 있다는 것입니다. 그들은 정말로 온 마음으로 구원을 바랐습니다. 그들에게는 하나님의 복을 받으라고 권할 필요가 전혀 없었습니다.

그런데 슬프게도 우리는 전혀 다릅니다! 하나님의 복을 받기를 바라는 마음은 어느 정도 그들보다 나을지 모릅니다. 그러나 정말로 "의에 주리고 목마른" 사람은 거의 없습니다. 철저한 순종의 생활과 계속해서 하나님을 기쁘시게 하고 있다는 의식을 간절히 바라고 추구하는 사람은 거의 없습니다.

간절한 바람이 없이 강한 믿음이 있을 수 없습니다. 바람은 우주의 위대한 동력 중 하나입니다. 하나님께서 자기 아들을 세상에 보내시도록 만든 것은 우리를 구원하고자 하는 하나님의 바람이었습니다. 사람들로 공부하고 일하며 고난을 감수하도록 만드는 것은 마음의 바람입니다. 죄인이 그리스도께로 나아가는 것도 순전히 구원을 얻고자 하는 바람 때문입니다. 이 약속의 땅에 우리 마음이 끌리는 것은 하나님에 대한 바람, 하나님과의 지극히 친밀한 교제를 바라는 바람 때문입니다. 곧, 하나님께서 우리에게 바라시는 그런 사람이 되고 또 할 수 있는 대로 힘껏 하나님의 뜻을 행하고자 하는 바람 때문입니다. 바로 이 바람 때문에 우리가 그리스도의 순종에 온전히 참여하고자 모든 것을 버릴 것입니다.

그러면 그 바람을 어떻게 일깨울 수 있습니까? 우리가 이런 질문을 할 필요가 있다는 것이 부끄러운 일이고, 하나님의 뜻을 알고 행하는 일에 하나님을 닮는 것, 무엇보다 바람직한 이 일이 우리에게 별로 관심을 받지 못한다는 것이 참으로 부끄러운 일입니다! 우리는 이것을 우리 눈이 멀었고 마음이 둔한 표시로 받아들이고 성령께서 우리 마음 눈을 밝혀 참된 순종의 생활을 기다리고 있는 "그 기업의 영광의 풍성함"(엡 1:18)을 보고 알 수 있게 해 주시기를 구합시다. 우리의 믿음이 간절한 바람으로 타오르고 "정말로 참된 순종의 생활을 하고 싶어. 마음을 다해 그 생활을 하겠어"라고 말하기 시작할 때까지 몸을 돌이켜 이 성령의 빛 안에서 그 생활, 곧 할 수 있고 또 확실하며, 하나님의 은혜로 획득하고 하나님께서 복 주시는 순종의 생활을 뚫어지게 바라보고 또 바라봅시다.

믿음은 그 땅을 기대한다

바람과 기대의 차이는 큽니다. 실제로 구원 얻을 희망을 거의 품고 있지 않는 사람 속에 구원에 대한 강한 열망이 있는 경우가 종종 있습니다. 바람이 기대로 변하고, 영혼이 다음과 같이 영적 복에 대해서 이야기하기 시작할 때 그것은 한 걸음 크게 진보한 것입니다. "나는 그것이 나를 위한 것임을 확실히 알아. 어떻게 해서 그렇게 되는지 모르지만 확실히 그것을 얻을 수 있으리라고 기대해."

순종의 생활은 하나님께서 제시하는 것으로서 우리로 거기에 조금이라도 가까이 다가가도록 노력하게 만들지만 결코 도달할 수 없는 이상이 아니라 여기 이 땅에서 혈과 육의 생명을 위해 마련된 현실입니다. 그 생활은 아주 틀림없이 여러분을 위해 마련된 것으로 알고 기대하십시오. 하나님께서 그 생활을 이루어 주실 것으로 기대하십시오.

이 기대를 방해하는 것이 정말로 많습니다. 즉, 여러분의 과거 실패, 바람직하지 못한 여러분의 기질이나 환경, 여러분의 약한 믿음, 죽기까지 순종하는 경건이 요구할 수 있는 것에 대한 여러분의 불평, 그런 순종을 할 수 있는 능력이 부족하다는 의식이 있습니다. 이 모든 것 때문에 여러분은 이렇게 말합니다. "그런 생활은 다른 사람들을 위한 것일지 몰라. 나를 위한 것은 아닌 것 같아."

게하르트 테르슈티겐(Gerhard Tersteegen, 1697 - 1769. 개혁주의 신앙 저자 - 역자주)은 젊었을 때부터 주님을 섬기려고 애썼습니다. 그런데 얼마 후에 하나님의 은혜를 느끼는 의식이 그에게서 사라졌고, 5년 동안 해도 없고 별도 보이지 않는 먼 바다에 있는 사람처럼 지냈습니다. "그러나 내 소망은 예수님께 있었다"고 그는 말했습니다.

한 번도 밖으로 나가지 않은 그에게 갑자기 빛이 비쳤고 그는 자신의 정맥에서 뽑은 피로 주 예수님께 보내는 편지를 썼습니다. 그 편지에서 그는 이렇게 말했습니다. "오늘 저녁부터 영원히 내 뜻이 아니라 주님의 뜻이 이루어지게 해 주십시오. 내 안에서 명령하고 다스리고 군림하십시오. 조금도 거리낌 없이 내 자신을 드립니다. 나는 알고서 혹은 자진해서 주님께 불성실하거나 불순종하지 않고 주님의 도움과 능력에 의지해서 마지막 피 한 방울까지 드리겠다고 약속합니다."

그것이 죽기까지 순종하는 그의 생활이었습니다.

그 순종을 바라고 기대하십시오. 바로 그 하나님께서 지금도 살아 계십니다. 하나님께 소망을 품으십시오. 하나님께서 여러분의 소망을 이루어 주실 것입니다.

받아들이는 것은 기대하는 것 이상의 일입니다. 많은 사람들이 기다리고 소망하지만 받아들이지 않기 때문에 결코 소유하지 못합니다.

받아들이지 않은 사람, 자신이 받아들일 준비가 되어 있지 않은 것처럼 느끼는 모든 사람에게 기대하라고 말씀드립니다. 그 기대가 마음으로부터 나온 것이고 정말로 하나님을 기대하고 있다면 그 사람은 받아들이는 데로 나아가게 될 것입니다. 자기는 기대한다고 말하는 모든 사람들에게 저는 받아들이라고 간절히 말합니다. 믿음에는 "나는 받아들인다. 붙잡는다. 가진다"라고 말하는, 하나님이 주시는 놀라운 능력이 있습니다.

그토록 많은 기도가 효과가 없는 것은 우리가 바라는 영적인 축복을 요구하고 자기 것으로 삼는 이 분명한 믿음이 없기 때문입니다. 그런 기도는 모두가 그처럼 분명한 믿음의 행동을 할 준비가 되어 있지 않은 것입니다. 불순종의 죄를 진심으로 깨닫지 못하고 그에 대해 진정으로 슬퍼하는 것이 없는 곳에는, 모든 일에 정말로 하나님께 순종하려는 강한 열망과 뜻이 없는 곳에는, 성경의 메시지, 곧 하나님은

"우리를 온전하게 하사 자기 뜻을 행하게 하시고 그 앞에 즐거운 것을 …… 우리 가운데서 이루시기를 원하신다"(히 13:21)는 메시지에 깊은 관심이 없는 곳에는 이 복을 받아들일 영적 능력이 없습니다. 그런 그리스도인은 어린 아기로 있는 것에 만족합니다. 그는 위안이라는 우유를 빨아먹기만을 바랍니다. 그는 예수께서 잡수신 단단한 식물, 곧 아버지의 뜻을 행하는 단단한 식물을 감당하지 못합니다.

그럴지라도 저는 모든 사람에게 순종이라는 이 놀라운 새 생활을 위한 은혜를 지금 받아들이라고 간절히 권합니다. 이 은혜가 없으면 여러분의 헌신의 행동이 아무 결실을 거두지 못할 것입니다. 이 은혜가 없으면 더욱 순종하려고 하는 여러분의 결심은 틀림없이 실패하고 말 것입니다. 그동안 하나님께서는 여러분에게 여러분이 취해야 할 완전히 새로운 위치, 하나님께서 성령을 통하여 여러분에게 말씀하시는 모든 명령에 날마다 어린 아이같이 단순하게 순종할 수 있는 새로운 위치, 하나님께서 말씀하시는 모든 명령에 대해 날마다 하나님의 충분한 은혜를 어린 아이같이 단순하게 의지하고 경험할 수 있는 새로운 위치가 있다는 것을 보여주시지 않았습니까?

여러분, 제발 바로 지금 그 위치를 받아들이고 순복하며 그 은혜를 취하십시오. 참된 믿음의 생활과 끊임없는 믿음의 순종을 받아들이고 시작하십시오. 여러분의 믿음이 하나님의 약속과 능력처럼 무조건적이고 확실하기를 바랍니다. 여러분의 믿음이 무조건적이면, 여러분의 어린 아이와 같이 단순한 믿음도 그와 같이 될 것입니다. 하나님께 도움을 구하고, 하나님께서 지금까지 여러분에게 제공하신 모든 것을 받아들이십시오.

믿음은 모든 것에 대해 그리스도를 신뢰한다

"하나님의 약속은 얼마든지 그리스도 안에서 예가 되니 그런즉 그로 말미암아 우리가 아멘 하여 하나님께 영광을 돌리게 되느니라"(고후 1:20). 내가 순종의 생활에 대해 이야기하였을 때, 여러분에게 스스로 즉시 답변할 수 없는 문제들과 어려움이 일어났을지도 모릅니다. 여러분은 이 모든 것을 당장에 받아들일 수 없다고 혹은 여러분의 오래된 생각과 말과 행동 습관과 조화시킬 수 없다고 느낄 수도 있습니다. 여러분은 모든 것을 이 최고의 지배 원리, 곧 모든 것을 하나님의 뜻대로 행하고, 모든 것을 하나님께 순종하여 행하라는 이 원리에 당장 복속시킬 수는 없지 않을까 염려합니다.

이 모든 문제에 대한 한 가지 답변이 있습니다. 이 모든 두려움에서 구출해줄 한 가지 구원이 있습니다. 살아계신 구주이신 예수 그리스도께서는 모든 것을 아시고, 여러분에게 언제나 믿음으로 순종할 수 있는 지혜와 능력을 얻기 위해 주님 자신을 의지하라고 요구하십니다.

나는 그리스도께서 완수하신 전 구속은 다름 아닌 순종이라는 것을 그동안 여러 번 말했습니다. 우리에게 전가해 주시는 구속도 바로 순종입니다. 주님은 우리에게 생활의 정신으로 순종의 영을 주십니다. 하늘 아래 모든 것이 주의 소유이고 주께서 주시는 것이며 주께서 행하시는 것입니다. 주님은 그것을 유지하는 보증으로서 자신을 우리에게 주십니다. 우리의 모든 두려움이 제거되고, 우리의 모든 필요가 충족되며, 우리의 모든 바람이 이루어지는 것은 바로 예수님 안에서입니다. 의로우신 그분이 여러분의 의이듯이, 순종하는 그분이 여러분의 순종이십니다.

여러분은 그리스도께서 이 순종을 주실 것이라고 믿지 않겠습니까? 믿음은 보고 바라며 기대하고 받아들이는 것을 확실히 그리스도께서 주시고 행하실 것이라고 신뢰합니다.

오늘 여러분은 예수께서 지금 여러분을 약속의 땅으로 인도하여 들이실 것이라고 믿음으로써 하나님과 그의 아들에게 영광을 돌리는 기회를 붙잡지 않겠습니까? 하늘에 계신 영화로우신 여러분의 주님을 우러러 보고, 주께서 주시는 힘으로 여러분의 충성 서약, 곧 어떤 것도 알면서 혹은 의도적으로 주님의 뜻에 어긋나게 행하지 않겠다는 서약을 새로운 의미를 담아 다시금 맹세하십시오. 주께서 그 서약을 하는 믿음과 그 서약을 지키는 마음, 그 서약을 실행하는 힘을 주실 것으로 믿으십시오. 살아계신 주께서 그의 생생한 임재로 말미암아 여러분에게 믿음과 순종을 보장해 주실 것으로 믿으십시오. 주님께서 우리의 헌신에 대해 예와 아멘이 되어 우리로 말미암아 하나님께 영광을 돌리려고 하신다고 확신하는 가운데 주님을 신뢰하고 과감하게 헌신하십시오.

제 7 장

순종의 학교

부스러기 광주리

"남은 조각을 거두고 버리는 것이 없게 하라." ― 요한복음 6:12

이 장에서 저는 아직 다루지 않았거나 충분히 설명하지 않은 몇 가지 점들을 언급하려고 하는데, 이 점들이 그리스도의 순종의 학교에 확실히 등록한 사람들에게 도움이 될 수 있기를 바랍니다.

순종을 배우기

첫째로, "순종을 배우기"라는 표현을 오해하지 말기 바랍니다.

우리는 원칙으로서 절대적인 순종, 곧 죽기까지의 순종은 그리스도의 학교에서 점차 배울 수밖에 없는 것이라고 생각하기 쉽습니다. 이것은 지극히 해로운 중대한 오해입니다. 우리가 배워야 하고 점차 익히게 되는 것은 더 어려운 새 명령들에서 순종을 실천하는 것입니다.

그러나 원칙에 대해서 말하자면, 그리스도께서는 우리가 그리스도의 학교에 들어갈 때부터 전적인 순종을 서약하기 원하십니다.

다섯 살 어린아이가 열여덟 살 청년처럼 무조건 순종할 수 있습니다. 순종하는 이 두 사람 사이의 차이점은 원칙에 있지 않고 요구되는 일의 성격에 있습니다.

비록 외적으로 죽기까지 복종한 그리스도의 순종이 그의 생애 마지막에 왔지만 그 순종의 정신은 처음부터 똑같았습니다. 전적인 순종은 우리 학교생활의 마지막이 아니라 시작입니다. 그 마지막은 하나님의 봉사를 위해서 순종하는 태도로 우리를 전적으로 하나님의 뜻에 맡겼을 때 적합한 것입니다. 무조건적인 순종으로 하나님께 순복하는 마음은 그리스도의 학교에서 진보할 수 있는 유일한 조건이며, 하나님의 뜻을 영적으로 아는 일에서 발전할 수 있는 유일한 조건입니다.

어린 그리스도인 여러분, 이 문제를 바로 정하십시오. 모든 것에는 모든 것으로 대하신다는 하나님의 규칙을 기억하십시오. 하나님께 모든 것을 드리십시오. 하나님께서 여러분에게 모든 것을 주실 것입니다. 헌신이 여러분 자신을 하나님의 뜻만을 행하는 살아있는 제사로 드리는 것을 의미하지 않는다면 아무 쓸모가 없을 것입니다. 온전한 순종의 서약이 다른 어떤 보조교사의 도움을 받지 않고 오직 그리스도의 도움만을 받아 순종의 학교에 등록하려고 하는 사람에게는 입학금입니다.

하나님의 뜻 알기를 배우기

이 무조건적인 순복이 그리스도의 학교에 들어가기 위한 첫 번째 조건이듯이 우리를 위한 하나님의 뜻에 대한 지시를 받는 데도 유일하게 적합한 태도입니다.

하나님의 모든 자녀들에 대한 하나님의 일반적인 뜻이 있습니다. 우리는 이 뜻을 성경에서 어느 정도 알 수 있습니다. 그러나 이 명령들이 구체적으로 개인에게 적용되는 일이 있는데, 그것은 우리 각 사람에 대한 하나님의 뜻으로 오직 성령님만이 가르쳐 주실 수 있습니다. 그리고 성령께서는 순종의 서약을 한 사람들 외에는 그 뜻을 가르쳐 주시지 않을 것입니다.

바로 이것이 하나님께 그 뜻을 알려 주시기를 구하는 기도에 대해 응답하시지 않는 경우가 그처럼 많은 이유입니다. 예수님은 이렇게 말씀하셨습니다. "사람이 하나님의 뜻을 행하려 하면 이 교훈이 하나님께로부터 왔는지 내가 스스로 말함인지 알리라"(요 7:17). 사람이 정말로 하나님의 뜻을 행하기로 마음먹었다면, 즉 하나님의 뜻을 행하는데 온 마음을 쏟고 그 결과 자신이 아는 만큼 하나님의 뜻을 행한다면, 그는 하나님께서 그 다음에 자기에게 무엇을 가르치실지 알 것입니다.

그것은 간단히 말해서 예술을 공부하는 모든 학생에게 적용되고, 장사를 배우는 모든 도제에게 적용되며, 사업을 배우는 모든 사람에게 적용되는 원칙입니다. 즉, 행하는 것이 제대로 아는 유일한 조건이라는 것입니다. 그와 같이 순종은 우리가 아는 만큼 하나님의 뜻을 행하는 것이며 또 하나님의 모든 뜻을 계시하시는 대로 행하고자 하는 의지와 서약인데, 이 순종은 영적 기관(器官), 즉 우리 각 사람을 향한 하나님의 뜻에 대한 참된 지식을 받아들일 수 있는 능력입니다.

이 사실과 관련해서 저는 다음 세 가지를 강조하겠습니다.

1. 하나님의 뜻을 전혀 알지 못하는 여러분의 큰 무지와, 어떤 노력으로도 그 뜻을 바르게 알지 못하는 여러분의 무능을 깊이 인식하도록 하십시오.

정말로 가르침을 잘 받는 태도의 근본에는 바로 자신의 무지에 대한 인식이 있습니다. "온유한 자에게 그의 도를 가르치시리로다"(시 25:9). 즉, 자신이 가르침을 받을 필요가 있음을 겸손하게 시인하는 사람들에게 그리 하실 것입니다. 두뇌 지식은 힘이 없는 인간의 생각만을 제공할 뿐입니다. 하나님은 마음에 들어가 효과적으로 일하는 살아 있는 지식을 성령으로 말미암아 주십니다.

2. 하나님께서 여러분 마음에 지혜를 알게 하실 것이라는 굳센 믿음을 기르십시오.

여러분은 지금까지 그리스도인으로 생활하면서 이 점을 거의 알지 못했기 때문에 이 생각이 이상하게 보일 수 있습니다. 하나님의 일하심은 우리의 모든 생각보다 더 깊은 곳, 하나님께서 그의 생명과 빛을 주시는 곳인 마음속에서 이루어진다는 사실을 알기 바랍니다. 하나님의 뜻에 대해서 확실하게 알지 못하는 것이 있으면 즐거운 순종을 드릴 수 없을 것입니다. 아버지 하나님께서는 여러분이 행하기를 바라시는 바를 기꺼이 여러분에게 알리시고자 한다는 것을 굳게 믿으십시오. 그러니 하나님의 뜻 알기를 확실히 기대하십시오.

3. 육신과 육적인 마음의 어둠과 속임을 생각하고서, 하나님께 성령의 감찰하고 깨닫게 하시는 빛을 비쳐주시기를 간절히 구하십시오.

여러분은 정당하거나 허용될 수 있는 것으로 오랫동안 생각해 왔지만 아버지 하나님은 다르게 생각하기를 바라시는 것들이 많이 있을 수 있습니다. 여러분과 다른 사람들이 그렇게 생각하기 때문에 그 일들이 하나님의 뜻이라고 결론을 내리는 것이 사실상 여러분이 다른 일들에서 하나님의 뜻을 알지 못하게 막을 수가 있습니다. 무엇이든지 거리낌 없이 가져와 성령께서 적용하고 설명하시는 하나님 말씀의 판단을 받도록 하십시오. 하나님께서 여러분에게 여러분의 모든 것과 행하는 모든 일이 하나님께서 기쁘게 보시는 것임을 알게 해주시기를 구하십시오.

죽기까지 순종함

이 진리의 더 깊고 영적인 측면들 가운데 내가 지금까지 언급하지 않은 면이 하나 있습니다. 그것은 일반적으로 그리스도인 생활의 초기 단계에는 나타나지 않는 것입니다. 그러나 신자는 누구나 자기 앞에 있는 특권들이 어떤 것인지 알 필요가 있습니다. 온전한 순종이 신자에게 가져올 경험이 있습니다. 이 경험을 통해서 신자는 주님께 그러셨던 것처럼 확실히 순종은 죽음에 이르게 된다는 것을 알게 될 것입니다.

이 점이 의미하는 바가 무엇인지 살펴봅시다. 이 땅에 사시는 동안 죄와 세상에 대한 주님의 저항은 철저하고 완전하였습니다. 그렇지만 죄와 세상의 시험들로부터 주님의 최종적인 구원과, 죄와 세상의 권세로부터 주님의 승리는 주님의 순종으로 성취된 것입니다. 주께서 세상의 생명과 죄에 대해서 죽기 전까지는 주님의 최종적인 구원과 승리는 성취되지 않았습니다. 죽으실 때 주님은 완전히 무력한 가운데서 자신의 생명을 아버지의 손에 맡기셨고 아버지께서 자기를 다시 일으키실 것을 믿으셨습니다. 그리스도께서 새로운 생명과 영광을 충만히 받은 것은 바로 죽음을 통해서입니다. 오직 죽음을 통해서만, 곧 자기에 있는 생명을 버림으로써만, 순종이 주님을 하나님의 영광으로 인도할 수 있었습니다.

신자는 그리스도와 함께 죄에 대한 이 죽음을 공유합니다. 거듭날 때 신자는 성령으로 세례를 받아 이 죽음에 들어갑니다. 무지와 불신앙 때문에 신자는 죄에 대한 이 완전한 죽음을 경험상 별로 알지 못합니다. 성령께서 신자에게 그가 그리스도 안에서 소유하는 것과 믿음으로 자기 것으로 삼는 것을 계시하실 때, 성령님은 신자 안에 그리스도를 죽은 가운데서 살린 바로 그 성향, 곧 순종을 일으키십니다. 그리스도에게 순종은 자기 생명을 완전히 끝내고, 무력한 가운데 자기 영을 아버지 손에 맡기는 것이었습니다. 이것은 네 생명을 내 손에 맡기라는 아버지의 명령을 완전하게 이행하는 것이었습니다. 주님은 죽음이라는 완전한 자기 부인을 지나 아버지의 영광에 들어가셨습니다.

신자가 들어가는 것이 바로 이 교제입니다. 신자는 성령님으로 말미암아 행할 수 있게 된 무조건적인 순종 속에 여전히 자기와 완고함이 숨어 있다는 것을 깨닫습니다. 그는 거기에서 구원받기를 간절히 바랍니다. 이 일은 오직 죽음으로써만 이루어질 수 있다는 것을 하나님 말씀에서 배웁니다. 성령께서는 신자가 자신이 정말로 그리스도 안에서 죄에 대하여 죽었고, 그 죽음의 권세가 자기 안에서 힘 있게 역사할 수 있다는 것을 좀 더 충분히 주장하도록 도우십니다. 신자는 기꺼이 죽기까지 순종할 수 있게 된 것입니다. 이 죽음은 자아에 대한 완전한 죽임이고, 신자를 정말로 아무것도 아닌 것으로 만드는 죽음입니다. 이 죽음 안에서 그는 그리스도의 생명에 온전히 들어갑니다.

자아에 대해 이 철저한 죽음이 필요함을 아는 것, 기꺼이 그 죽음을 죽고자 하는 것, 우리 주 예수님의 철저한 자기 부정과 겸손을 깨닫는 것, 이것이 우리가 순종을 통해서 배워야 하는 가장 고귀한 교훈입니다. 이것이 참으로 그리스도처럼 죽기까지 순종하는 것입니다.

여기서는 이 점에 대해 더 자세히 설명할 여유가 없습니다. 하나님께서 아주 신실한 사람들에게 때가 되면 친히 가르치실 교훈에 대해서는 이만큼 이야기하도록 하겠습니다.

양심의 목소리

하나님의 뜻을 아는 것과 관련해서 우리는 양심을 알아야 하고, 양심을 제 위치에 두고 그 권위에 복종해야 합니다.

자연의 법칙이나 교육이 우리에게 옳고 선하다고 가르치는 작은 일들이 수없이 많습니다. 진실한 그리스도인이라고 하는 사람들조차도 거기에 반드시 순종해야 할 것으로 생각하지 않는 그런 사소한 일들이 있습니다. 자, 만일 여러분이 지극히 작은 것에 신실하지 않으면 누가 여러분에게 큰 것을 맡기겠습니까? 하나님은 맡기시지 않을 것입니다. 만일 양심의 목소리가 여러분에게 고귀하거나 더 나은 어떤 행동방침을 말해주는데, 더 쉽거나 여러분의 자아를 기쁘게 한다는 이유로 다른 행동방침을 선택한다면, 여러분은 본성 안에 있는 하나님의 목소리에 불순종함으로써 성령의 가르침을 어기는 것입니다. 하나님의 뜻을 행하려는 의지는 언제나 옳은 것을 행하려고 하고, 양심이 가리키는 최선을 행하려고 하는 강한 의지입니다. 바울은 이렇게 말합니다. "내가 …… 거짓말을 아니하노라 …… 내 양심이 성령 안에서 나와 더불어 증언하노라"(롬 9:1). 만일 여러분이 양심에 불순종하고 양심을 상하게 하면, 하나님께서 여러분에게 말씀하실 수 없게 만드는 것입니다.

하나님의 뜻에 대한 순종은 양심의 목소리에 민감하게 관심을 보이는 것으로 나타납니다. 이 사실은 먹고 마시며, 잠자고 쉬며, 돈을 쓰고 즐거움을 추구하는 일에도 적용됩니다. 모든 일을 하나님의 뜻에 맞게 하십시오.

여기서 우리는 이와 관련해서 또 한 가지 매우 중요한 사실을 보게 됩니다. 여러분이 참된 순종의 생활을 살고자 한다면, 하나님 앞에서 선한 양심을 유지하고 하나님의 마음에 어긋나는 것은 어떤 것이든지 알면서 하는 일은 없도록 하십시오. 조지 뮬러는 70 평생 동안 자신의 모든 행복은 자신이 하나님의 말씀을 사랑한 것과 더불어 이 사실에서 나왔다고 하였습니다. 그는 하나님의 뜻에 어긋나는 길로 가지 않았고 모든 일에 선한 양심을 유지하였습니다. 양심은 하나님께서 무엇이든지 잘못된 길로 갈 때 여러분에게 경고하도록 세워두신 감시인 혹은 감독입니다. 여러분에게 있는 빛에 이르기까지 양심에 주의를 기울이십시오. 하나님께 그의 뜻을 가르쳐 주심으로써 그 뜻을 더욱 밝혀 주시기를 구하십시오. 여러분이 그 뜻을 따라 행하고 있다는 양심의 증언을 듣기를 힘쓰십시오. 그러면 양심이 여러분에게 격려가 되고 조력자가 될 것이며, 여러분의 순종이 받아들여졌고, 하나님의 뜻을 항상 더 알기를 구하는 여러분의 기도가 응답되었다는 확신을 줄 것입니다.

법적이고 복음적인 순종

무조건적인 순종의 서약을 받아들인 다음에도 여전히 두 종류의 순종이 있을 수 있는데, 하나는 율법의 순종이고 다른 하나는 복음의 순종입니다. 신약과 구약, 두 언약이 있듯이 종교의 양식, 곧 하나님을 섬기는 방식에도 두 가지가 있습니다. 이것이 바울이 로마서에서 이야기하는 바입니다. 그는 "죄가 너희를 주장하지 못하리니 이는 너희가 법 아래에 있지 아니하고 은혜 아래에 있음이라"(6:14)고 말합니다. 그 다음에는 우리가 "법에서 벗어났으며"(7:3) 그래서 "영의 새로운 것으로 섬길 것이요 율법 조문의 묵은 것으로 아니할지니라"(7:6)고 말합니다. 그 다음에 또 우리에게 "너희는 다시 무서워하는 종의 영을 받지 아니하고 양자의 영을 받았음"(8:15)을 상기시킵니다.

이 세 가지 대비는 그리스도인들 사이에 존재하는 위험, 곧 여전히 자기들이 마치 율법 아래 있는 것처럼 행하고 율법 조문의 묵은 것과 종의 영으로 섬기는 위험이 있음을 아주 분명하게 지적합니다. 그토록 많은 그리스도인의 생활이 약한 중요한 한 가지 이유는 그들의 생활이 은혜 아래 있기보다는 율법 아래 있기 때문입니다. 그 차이가 어떤 것인지 봅시다.

율법이 우리에게 요구하는 것을 은혜가 우리를 대신해서 약속하고 이행합니다. 율법은 우리가 할 수 있든지 없든지 상관없이 우리가 마땅히 해야 할 것을 요구하며, 두려움과 사랑의 동기에 호소해서 우리의 노력을 최대한도로 끌어내려고 합니다. 하지만 율법은 실질적인 힘은 전혀 주지 못하고, 그래서 사람을 실패와 정죄에 이르게 할 뿐입니다. 은혜는 우리가 할 수 없는 것을 지적하고 우리를 대신해서 우리 안에서 그 일을 행합니다.

율법은 돌이나 책에 기록된 명령과 함께 오고, 은혜는 우리에게 임재와 능력을 주시는 살아계시고 은혜로우신 분 안에서 옵니다.

율법은 우리가 순종한다면 생명을 약속합니다. 은혜는 우리가 순종할 수 있다는 확신과 함께 생명, 곧 성령을 줍니다.

인간 본성은 언제나 은혜에서 슬그머니 뒤로 물러나 율법으로 가서 몰래 최대한으로 노력하는 것을 의지하는 경향이 있습니다. 은혜의 약

속들이 아주 거룩하고, 우리 안에서 모든 것을 행하시는 성령의 선물
은 아주 놀랍지만, 이 사실을 믿는 사람은 거의 없습니다. 바로 이 때문
에 많은 그리스도인들이 감히 순종의 서약을 하려고 하지 않고 혹은
서약을 하고도 다시 돌아가는 것입니다.

　제발 복음의 순종이 무엇인지 잘 배우십시오. 복음은 좋은 소식입
니다. 복음의 순종은 좋은 소식들 가운데 하나입니다. 이 은혜가 성령
으로 말미암아 여러분 안에서 모든 일을 행할 것입니다. 이 사실을 믿
고, 순종하려고 할 때마다 넘치도록 풍성한 은혜와 성령의 강력한 내
주하심, 지속적인 임재로 인해 우리가 확실히 순종할 수 있게 만드시
는 예수님의 복된 사랑을 믿고서 즐거운 소망 가운데 순종하십시오.

사랑의 순종

이것은 복음 순종의 특별하고 지극히 아름다운 면들 가운데 하나입니
다. 성령으로 말미암아 모든 것을 행하겠다고 약속하는 은혜는 영원한
사랑의 선물입니다. (우리의 순종을 책임지고 순종을 가르치며 그의 임재
로 우리에게 순종을 보장하시는) 주 예수님은 우리를 죽기까지 사랑하셨
고 지금도 지식에 넘치는 사랑으로 우리를 사랑하시는 분입니다. 사랑
하는 마음이 아니면 어떤 것도 사랑을 받을 수 없고 알 수도 없습니다.
우리가 순종할 수 있게 만드는 것은 바로 이 사랑하는 마음입니다. 순
종은 우리에게 베풀어지는 하나님의 사랑에 대한 애정 어린 반응이고,
그 사랑을 좀 더 충만히 누리는 데로 나아갈 수 있는 유일한 접근 수단

입니다.

우리 주님께서 고별 강화에서 그 사실을 얼마나 강조하셨는지 모릅니다! 주님은 요한복음 14장에서 그 사실을 세 번에 걸쳐 반복하십니다. "너희가 나를 사랑하면 나의 계명을 지키리라"(15절). "나의 계명을 지키는 자라야 나를 사랑하는 자니라"(21절). "사람이 나를 사랑하면 내 말을 지키리라"(23절). 사랑만이 예수께서 요구하시는 순종을 내놓을 수 있고, 또 예수께서 순종에게 주시는 복을 받을 수 있다는 것은 분명한 사실입니다. 사랑의 순종은 성령의 선물, 곧 주께서 자신을 나타내심과 더불어 아버지의 사랑과 주님의 사랑을 보이심, 또 아버지와 주님이 우리와 거처를 함께 하심, 이런 것들을 확실히 얻을 수 있게 합니다.

다음 장에서 주님은 다른 면에서 이 사실을 말씀하시고 어떻게 순종이 하나님의 사랑을 즐기는 데로 나아가는지 보여주십니다. 즉, 주님께서 아버지의 명령을 지키셨으므로 아버지의 사랑 안에 거하신다는 것입니다. 만일 우리가 주님의 계명을 지키면 주님의 사랑 안에 거할 것입니다. 주님은 우리를 위해 자신의 생명을 주심으로써 자기의 사랑을 증명하셨습니다. 우리는 주님의 친구입니다. 우리가 주께서 우리에게 명하시는 바를 행한다면 주님의 사랑을 누릴 것입니다. 먼저 사랑하신 주님의 사랑과 그 사랑에 대한 우리의 사랑 사이에서, 우리의 사랑과 그 사랑에 대한 주님의 좀 더 충만한 사랑 사이에서 순종은 절대적으로 필요한 고리입니다. 참되고 온전한 순종은 우리가 사랑하지 않고서는 불가능한 일입니다. "하나님을 사랑하는 것은 이것이니 우리가 그의 계명들을 지키는 것이라"(요일 5:3).

의무감에서 진정한 순종의 생활을 하려고 애쓰는 법적인 순종을 주의하십시오. 여러분에게 새롭고 온전한 순종에 필요한 "새 생명"(롬 6:4)을 보여주시라고 하나님께 구하십시오. "네 하나님 여호와께서 네 마음에 할례를 베푸사 너로 마음을 다하며 뜻을 다하여 네 하나님 여호와를 사랑하게 하실 것이며 …… 네가 네 하나님 여호와의 말씀을 청종하게 하실 것이라"(신 30:6-9)는 이 약속을 지키시라고 요구하십시오. 하나님의 사랑과 우리 주 예수님의 은혜를 믿으십시오. 여러분에게 주신 성령, 곧 여러분으로 사랑하게 만들 수 있고 그래서 하나님의 규례대로 행하게 만드는 성령을 믿으십시오. 이 믿음의 힘으로, 그리고 약한 가운데서 온전하게 하는 충족한 은혜를 확신하고서 하나님의 사랑과 그 사랑이 일으키는 살아있는 순종의 생활을 맛보십시오. 여러분이 지속적으로 순종할 수 있게 만드는 것은 바로 하나님의 사랑 안에서 이루어지는 예수님의 지속적인 임재 외에는 아무것도 없습니다.

순종이 가능한가?

저는 끝으로 다시 한 번 아주 절박하게 이 질문을 묻습니다. 이 질문은 생활의 근본에 관계된 것입니다. 하나님을 기쁘게 하는 삶을 사는 것이 우리가 도달할 수 없는 영역이라는 이런 반(半) 무의식적이자 은밀한 생각은 우리 힘의 근본을 파먹습니다. 제발 여러분은 이 질문에 분명히 답하기 바랍니다.

순종을 위한 하나님의 준비, 여러분 안에서 하나님의 선하시고 기뻐하시는 모든 뜻을 행하시겠다는 하나님의 약속, 하나님께서 여러분에게 새 마음을 주심, 그와 더불어 하나님의 아들과 성령의 내주하심을 알면서도 여전히 여러분이 순종이 가능하지 않다고 염려한다면, 하나님께 여러분의 눈을 열어 하나님의 뜻을 바르게 알게 해주시기를 구하십시오. 여러분의 판단이 분명하고 그 진리를 이론적으로 동의하면서도 그런 생활에 자신을 맡기기를 두려워한다면 다시 한 번 여러분에게 말합니다. 하나님께 여러분의 눈을 열어 여러분을 위한 하나님의 뜻을 알게 해주시기를 구하십시오. 너무 많은 것을 버려야 한다고 생각하고, 너무 별나고 지나치게 하나님께 헌신하는 것이 아닌가 하는 은밀한 두려움 때문에 뒤로 물러나지 않도록 주의하십시오. 양심을 편하게만 하고, 하나님께서 받으실 만한 사람이 되거나 받으실 만한 것을 드리고 행하기를 요구하지 않는 종교는 추구하지 않도록 주의하십시오. 무엇보다 하나님께서 하실 수 있고 또 하시겠다고 말씀하신 것을 믿지 않음으로써 하나님을 "제한하고" 하나님을 거짓말쟁이로 만들지 않도록 주의하십시오.

우리가 순종의 학교에서 공부하는 것이 조금이라도 유익이 있으려면, 여러분이 이 사실을 쓰기 전에는 쉬지 마십시오. 즉, 하나님께서 내게 바라시는 모든 것을 매일 순종하는 것이 가능하고, 내게 가능하다. 나는 그렇게 순종하기 위해 하나님의 힘으로 내 자신을 하나님께 드린다고 쓰기 전에는 쉬지 마십시오.

오직 한 가지 조건만 기억하십시오. 여러분의 결심이나 노력의 힘으로 하려고 하지 마십시오. 다만 그리스도의 끊임없는 임재와 모든 은혜와 능력의 성령님의 끊임없는 가르침을 여러분의 힘으로 삼으십시오. 여러분 안에 살아계시는 순종하신 그리스도께서 여러분에게 순종을 가져다주실 것입니다. 순종이 주님과의 교제 가운데서 여러분에게 사랑과 즐거움의 생활이 될 것입니다.

제 8 장

마지막 명령에 대한 순종

"그러므로 너희는 가서 모든 민족을 제자로 삼으라." — 마태복음 28:19

"너희는 온 천하에 다니며 만민에게 복음을 전파하라." — 마가복음 16:15

"아버지께서 나를 세상에 보내신 것 같이 나도 그들을 세상에 보내었나이다."

— 요한복음 17:18(참조. 20:21).

"오직 성령이 너희에게 임하시면 너희가 권능을 받고 예루살렘과

온 유대와 사마리아와 땅 끝까지 이르러 내 증인이 되리라." — 사도행전 1:8

"모든 민족," "온 천하," "만민," "땅 끝까지." 이 모든 말에는 세계 정복의 영이 숨 쉬고 있습니다. 이 말들의 각 표현은 그리스도께서 구속하셨고 또 자기 것으로 얻으신 이 세상에 대해 정당한 통치를 주장하시는 심중을 보여줍니다. 그리스도는 제자들이 그 일을 맡아 수행하기를 기대하십니다. 이제 곧 하늘에 올라가 통치하려고 보좌 밑에 서계실 때 제자들에게 "하늘과 땅의 모든 권세를 내게 주셨다"고 말씀하시고 나서 즉시 주님은 노력을 기울일 대상으로서 "온 천하," 곧 "땅 끝까지"(행 1:8)를 언급하십니다. 보좌에 앉으신 왕으로서 주님은 친히 제

자들의 조력자가 되실 것입니다. "너희와 항상 함께 있으리라"(마 28:20). 제자들은 세상 끝날까지 주님의 정복하는 군대의 전위(前衛)가 되어야 합니다. 주께서 친히 그 전쟁을 수행하실 것입니다. 주님은 제자들에게 자신의 승리에 대한 확신을 주시고 주님의 뜻을 알게 해서, 이 세상을 그 주인이신 하나님께로 다시 돌리는 이 일을 유일하게 생사를 바쳐 이룰 만한 가치가 있는 것으로 삼게 하십니다.

그리스도는 가르치거나 주장하지 않고 요구하거나 호소하시지 않습니다. 그리스도는 그저 명령하실 뿐입니다. 주님은 제자들을 순종하도록 훈련하셨습니다. 제자들이 순종할 수 있는 사랑으로 자기를 따르게 하셨습니다. 주님은 이미 숨을 내쉬어 자신의 부활의 영을 제자들에게 불어넣으셨습니다. 주님은 제자들을 믿을 수 있습니다. 대담하게 제자들에게 "너희는 온 천하에 다니라"고 말씀하십니다. 전에 주께서 세상에서 생활하실 때, 제자들은 자기들이 주님의 명령을 실행할 수 있을지에 대해 여러 번 의심을 표현하였습니다. 그러나 여기서 주님이 이 거룩한 말씀들을 조용히 그리고 분명하게 말씀하시자 제자들은 그 말씀들을 받아들입니다. 그리고 주께서 하늘로 올라가시자마자 그들은 정해진 장소로 가서 모든 민족을 그리스도의 제자로 삼는 이 하늘의 일을 위해 하늘에 계신 주님으로부터 하늘의 능력을 받기 기다립니다. 그들은 그 명령을 받아들였고 또 자기들을 통해서 그리스도의 이름을 믿은 사람들에게 그 명령을 넘겨주었습니다. 그리고 한 세대가 지나기 전에 우리가 그 이름조차 알지 못하는 평범한 신자들이 안디옥과 로마와 먼 지역들에 복음을 전했습니다. 이 명령은 모든 시대, 모든 제자들을 위한 것으로 사람들의 마음과 생활에 전해지고 받아들여졌습니다.

이 명령은 우리, 곧 우리 각 사람을 위한 것이기도 합니다. 그리스도의 교회에는 이 명예를 홀로 받는 특권층이 없고, 만민에게 복음을 전하는 의무를 홀로 담당하는 노예 계층도 없습니다. 그리스도께서 나누어 주시는 생명은 주님 자신의 생명이고, 그리스도께서 내쉬는 영은 주님 자신의 영이며, 주께서 일으키시는 성향은 주님의 자기희생적인 사랑입니다. 건강하고 온전하게 그리스도의 몸에 붙어 있는 지체는 누구나 자기가 받은 것을 나누어 주지 않을 수 없다고 느끼는 것이 바로 그리스도의 구원의 성격입니다. 이 명령은 외부로부터 주어지는 독단적인 법이 아닙니다. 이 명령은 우리가 그리스도의 몸이고, 지금 그리스도를 대신하여 땅에 있으며, 그리스도의 뜻과 사랑이 주께서 시작하신 일을 지금 우리를 통해서 수행하고, 또 우리가 이제 그리스도를 대신하여 살면서 타락한 세상을 하나님께 되돌림으로써 아버지께 영광을 돌리려고 한다는 이 놀라운 진리에 우리가 지적으로 그리고 자발적으로 동의하라고 요구하는 것뿐입니다.

교회는 이 명령을 순종하는 일에 참으로 끔찍하게 실패했습니다! 그런 명령이 있는지조차 알지 못한 그리스도인들이 얼마나 많은지 모릅니다! 많은 사람들이 이 명령을 듣지만 열심을 내어 그 명령에 순종하지 않습니다! 그리고 많은 사람들은 자기에게 적절하고 편하게 보이는 방식으로, 또 그만한 정도로 그 명령에 순종하려고 합니다.

우리는 그동안 순종이 무엇인지 공부해 왔습니다. 전적인 순종을 드리겠다고 말해왔습니다. 이제 우리는 만민에게 복음을 전하라는 주님의 이 마지막 큰 명령을 이해하고 시행하도록 도울 수 있는 것에는 무엇이든지 귀 기울여 들을 준비가 된 것이 확실합니다.

여러분에게 다음의 간단한 세 제목 아래 말씀드릴 것이 있습니다. 그 세 가지 제목은 이것입니다. 주님의 명령을 받아들이라. 자신을 전적으로 하나님의 뜻에 맡기라. 즉시 순종의 생활을 시작하라.

주님의 명령을 받아들이라

이 명령의 힘을 약화시키는 것들이 몇 가지 있습니다. 모든 사람에게 일반적으로 요구되는 명령은 개인적이고 구체적인 명령만큼 구속력이 없다는 생각이 있습니다. 다른 사람들이 자기 본분을 다하지 않는다면 함께 비난을 받아야 할 우리의 몫은 상대적으로 작다는 생각, 우리가 감당하기 어려운 일들에 대해서는 절대적인 순종을 요구할 수 없다는 생각, 우리가 기꺼이 최선을 다하려고 한다면 그것이 우리에게 요구할 수 있는 전부라는 생각이 있습니다.

형제 여러분, 이것은 순종이 아닙니다! 이것은 주님의 첫 제자들이 순종을 받아들인 정신이 아닙니다. 이것은 우리가 사랑하는 주님과 함께 살면서 품어야 하는 정신이 아닙니다. 만일 그런 정신이 다른 사람에게 없다고 해도 우리 각 사람은 주님의 은혜로 하나님 나라를 위해 사는 일에 우리 자신과 생명을 바치겠다고 말해야합니다. 잠시 다른 모든 사람들에 대한 생각을 접고 예수님과 내 개인적인 관계에 대해서만 생각해 보겠습니다.

나는 그리스도의 몸의 한 지체입니다. 그리스도는 모든 지체가 전적으로 주님의 뜻에 따르고, 성령으로 생기를 얻으며 주님을 위하고 주님의 하시는 일을 위하여 살기를 바라십니다. 그것은 내 몸에도 해당되는 사실입니다. 나는 건강한 내 모든 지체가 제 역할을 할 수 있다고 믿고서 날마다 그 지체를 대동하고 다닙니다. 우리 주님께서 나를 정말로 자기 몸으로 받아들이셨으므로 주님은 내게 바로 그것을 요구하고 기대하실 수 있습니다. 그리고 나는 아주 진심으로 주님께 순복하였기 때문에 주님의 뜻을 알고 행하는 것 외에 다른 어떤 것을 원한다는 것은 생각할 수 없는 일입니다.

포도나무와 가지의 예를 들어 설명해 보겠습니다. 가지는 포도나무처럼 열매를 맺는다는 이 한 가지 목표밖에 없습니다. 내가 정말로 가지라면 나는 주님께서 세상에 계실 때 그러셨듯이 전적으로 열매를 맺기 위해 존재하고 사람들의 구원을 위해 살고 수고해야 합니다.

또 한 가지 예를 들어봅시다. 그리스도는 자기 피로 나를 사셨습니다. 힘으로 정복되었거나 돈으로 구입된 어떤 노예도 내 영혼만큼 철저히 자기 주인의 재산이 된 적이 없습니다. 그리스도의 피로 구속되고 핏값으로 사신 바 된 내 영혼은 오직 주님만을 위한 재산으로 주님이 기뻐하시는 바를 행하게 되어 있습니다. 주님은 신적인 권한으로 성령님을 통해 무한한 능력으로 일하겠다고 주장하십니다. 그리고 나는 온전히 하나님의 나라와 일을 위해 산다는 것에 전적으로 동의하였습니다. 이것은 내 기쁨이고 영광입니다.

이것이 다른 때가 있었습니다. 사람이 자기 돈이나 용역을 다른 사람에게 줄 수 있는 방법이 두 가지 있습니다. 옛날에 장사로 돈을 많이 버는 노예가 있었습니다. 들어오는 돈은 모두 주인에게로 갔습니다. 그 주인은 선량했고 노예를 잘 대해주었습니다. 드디어 그 노예는 주인이 자기에게 그동안 허락해 준 소득으로 자기의 자유를 살 수 있었습니다. 시간이 흐른 뒤에 주인은 가난해져서 자신의 전 노예에게 가서 도움을 구했습니다. 그 노예는 전 주인에게 도움을 줄 수 있었을 뿐만 아니라 아주 기꺼이 도와주려고 했습니다. 그는 전 주인이 과거에 베풀어준 친절에 보답하여 후하게 대했습니다.

여러분은 그 사람이 노예로 있었을 때 돈을 벌고 봉사를 한 것과 자유롭게 되었을 때 전 주인에게 베푼 선물에 차이가 있다는 것을 금방 압니다. 전자의 경우에는 자신이 주인에게 속하였기 때문에 그동안 번 돈과 봉사 그리고 모든 것을 주었습니다. 후자의 경우에는 자신이 주기로 마음먹은 것을 주었을 뿐입니다.

우리는 그리스도 예수께 어떤 방식으로 드려야 하겠습니까? 나는 많은 사람이 자기가 선택한 것, 곧 자기가 드릴 수 있다고 생각하는 것을 자유롭게 드리는 것처럼 드리는지 모르겠습니다. 피로 값 주고 산 권리를 획득하였다는 사실을 성령의 계시로 깨달은 신자는 자신이 구속(救贖)의 사랑에 매인 노예이고, 자신이 주인에게 속했기 때문에 자기에게 있는 모든 것을 주인의 발 앞에 내놓는 것을 기쁘게 여깁니다.

여러분은 제자들이 이 큰 명령을 그처럼 쉽게 그리고 열의를 가지고 받아들인 것을 이상하게 생각해 본 적이 있습니까? 제자들은 피를 보았던 갈보리로부터 새롭게 변화되었습니다. 그들은 부활하신 주님을 만났고, 주께서는 숨을 쉬어 그들에게 성령을 불어넣으셨습니다. 40일 동안 "그가 택하신 사도들에게 성령으로 명하셨습니다"(행 1:2). 예수님은 그들에게 구주요 주이시며 친구요 또한 하나님이셨습니다. 주님의 말씀에는 신적인 능력이 있었습니다. 그들은 복종하지 않을 수 없었습니다. 우리는 주님의 발 앞에 엎드려 주님의 강력한 요구를 계시하고 주장하시는 성령님께 순복하고, 만민에게 복음을 전하라는 이 명령을 주저하지 말고 전심으로 우리 생의 목적으로 받아들입시다!

자신을 전적으로 하나님의 뜻에 맡기라

이 마지막 대 명령이 지나칠 정도로 해외 선교와 관련해서 강조하는 바람에 많은 사람들이 이 명령을 해외 선교에만 적용하는 경향이 있습니다. 이것은 잘못입니다. "모든 민족을 제자로 삼아 …… 내가 너희에게 분부한 모든 것을 가르쳐 지키게 하라"는 우리 주님의 말씀은 다름 아니라 우리의 목표가 모든 사람을 참된 제자로 만들어 그리스도의 모든 뜻에 순종하는 거룩한 생활을 하게 하라는 것입니다.

이 명령을 다 이행했다고 말할 수 있으려면 먼저 그리스도의 교회들과 소위 기독교 공동체들 안에서 얼마나 큰 일이 이루어져야 하는지 모릅니다! 그리스도의 교회 전체와 그 안에 있는 모든 신자가 이 일을 행하는 것이 교회의 유일한 목적이라는 것을 얼마나 절실하게 깨달아야 하는지 모릅니다! 복음을 충만히 끈기 있게 구원을 얻도록 만민에게 전하는 것은 구속받은 모든 영혼이 열정적으로 수행해야 하는 사명입니다. 오직 이것을 위해서 여러분 안에 그리스도의 영이 거하시고, 그리스도의 생명과 형상이 이루어진 것입니다.

교회가 성령의 능력으로 전해야 할 필요가 있는 한 가지가 있다면, 하나님의 모든 자녀가 자신이 적절하거나 가능하다고 생각될 때 이 일에 참여할 뿐만 아니라 자신을 전적으로 주 그리스도께 드려 그리스도께서 하고자 하시는 대로 인도를 받고 쓰임을 받는 이것이 하나님의 모든 자녀의 절대적이고 즉각적인 의무라는 것입니다. 그러므로 나는 온전한 순종의 서약을 한 모든 독자는 — 만약에 우리가 이 순종의 서약을 하지 않았다면 감히 자신을 진정한 그리스도인으로 여길 수 있겠습니까? — 즉시 그리고 전적으로 자신을 그리스도의 뜻에 맡기십시오. "네 마음을 다하여 주 너의 하나님을 사랑하라"는 하나님의 모든 백성에게 주신 첫 번째 이 큰 명령이 구속력이 있는 만큼 "만민에게 복음을 전파하라"는 이 마지막 큰 명령도 구속력이 있습니다. 여러분이 이 명령을 받아들일 뜻이 있다면, 여러분이 무슨 일을 하게 될지 알기 전에, 어떤 일에 대한 특별한 바람이나 소명, 적합성을 느끼기 전에 먼저 자신을 주님께 드리십시오. 두려워하지 마십시오. 자신의 뜻과 위안을 제일 첫째로 삼는 이기적인 종교에서 당장 영원히 나와서 여러분이 합당하다고 여기는 것을 그리스도께 드리십시오. 주께서 여러분을 온전히 차지하실 수 있도록 하십시오. 자원하여 주님을 섬기는 자로 즉시 주님의 명부에 이름을 올리십시오.

하나님께서 학생자원운동(The Student Volunteer Movement:1886년

미국 노스필드에서 미국의 대학생들에게 복음과 선교에 대한 도전을 주기 위하여 피어선 박사가 무디와 함께 설립한 해외 선교를 위한 학생 선교운동 단체로 후에는 존 모트가 인도하였다 - 역자주)을 통해서 행하신 일을 보면서 우리는 마음에 기쁨과 감사가 가득했습니다. 그런데 때로 나는 그 일을 완성하기 위해서는 딱 한 가지가 더 필요하지 않나 하는 생각이 듭니다. 국내 봉사를 위한 자원자들의 등록이 필요하지 않습니까? 학생자원운동의 회원들이, 해외 선교를 지망하는 자원자가 감격하여 드리는 헌신이 뜨겁고 순전하듯이 그리스도께서 자기 피로 사신 모든 사람에게 세상을 구원하는 주님의 일을 위해 요구하시는 헌신도 그러한 것임을 깨닫도록 돕는 국내 자원봉사자들도 필요합니다.

"하나님이 허락하신다면 해외 선교사가 되겠어"라는 이 간단한 한 마디가 수많은 사람들의 생활 속에 참으로 놀라운 복을 가져오지 않았습니까! 그 한 마디가 그들이 이 큰 명령에 온전히 순종하는 데로 나아가도록 도왔고, 그들의 인생에 새로운 시대를 열었습니다. 해외에 나갈 수 없거나 주님의 뜻을 구한 적이 없기 때문에 해외에 나갈 수 없다고 생각하는 많은 사람들이 만일 하나님의 은혜로 그리스도의 나라를 위한 봉사에 내 삶을 온전히 바치겠다는 이 단순한 결심을 할 수 있다면, 그들에게 아주 놀라운 복이 임하지 않겠습니까!

외적으로 가정을 떠나는 것이 해외 봉사자에게 종종 큰 도움이 됩니다. 그로 하여금 큰 희생을 치르게 만드는 싸움에서 벗어나고 그를 방해할 수 있는 모든 것으로부터 떠날 수 있기 때문입니다. 국내 자원봉사자는 계속해서 자신의 소명을 유지하면서도 그렇게 외적으로 떠나지 않아도 됩니다. 그는 혼자서 속으로 서약하였든 다른 사람들과 함께 하였든 맹세한 서약이 가져올 수 있는 도움이 한층 더 필요합니다. 찬송 받으실 성령께서는 그 서약을 위기로 만드실 수 있고, 하나님께 전적으로 자기 생을 드리는 헌신에 이르게 하실 수도 있습니다.

순종의 학교에 다니는 학생 여러분, 이 마지막 큰 명령을 잘 공부하십시오! 온 마음으로 이 명령을 받아들이십시오! 자신을 전적으로 주님의 뜻에 맡기십시오.

즉시 순종의 생활을 시작하라

여러분이 어떤 환경에 있든지 간에 하나님께로 인도할 수 있는 사람들이 가까이에 있다는 것은 여러분의 특권입니다. 여러분 주변에는 여러분의 도움을 필요로 하고 또 여러분에게 도움을 주는 기독교 활동들이 수없이 많습니다. 여러분은 자신이 그리스도께서 자기를 섬기도록 구속하신 자임을 아십시오. 여러분에게 그리스도 안에 있던 바로 그 성향을 주시고, 세상을 다시 하나님께로 돌리는 이 위대한 일에 참여하라고 요구하면서 여러분의 삶을 붙드시는 성령님께 복을 받은 자임을 아십시오.

여러분이 이미 활동 중인 많은 단체들 가운데 하나에 하나님의 인도로 가입해 있든지 아니면 혼자서 활동하든지 간에, 그 일을 여러분의 교회나 단체의 일로 혹은 여러분 자신의 일로 간주하지 말고 주님의 일로 생각하십시오. "주님을 위해 이 일을 한다"는 생각, 곧 자신이 주님의 명령을 받아 수행하고 있는 종이라는 생각을 깊이 품으십시오. 그러면 흔히 그러듯이 여러분의 일이 여러분과 주님의 사이를 방해하지 않고, 오히려 여러분을 주님과 주님의 힘과 주님의 승인에 단단히 묶어 떨어질 수 없게 만들 것입니다.

우리 일의 인간적인 관심사에 너무 몰두하면 그 일의 영적인 성격, 그 일에 필요한 초자연적인 능력, 우리 안에서 그리고 우리를 통해서 일하시는 하나님의 활동, 곧 우리를 참된 하늘의 기쁨과 소망으로 채울 수 있는 이런 것들을 전혀 보지 못하기가 아주 쉽습니다. 여러분은 계속해서 여러분의 주님, 여러분의 왕, 주님의 보좌를 바라보십시오. 주님은 이 명령을 내리면서 자기 종들에게 세상이라는 큰 밭을 보게 하시기 전에 먼저 보좌에 앉아계시는 자신을 보게 하셨습니다. "하늘과 땅의 모든 권세를 내게 주셨느니라"(마 28:18). 우리에게 그리스도의 신적 능력이 충분함을 확신하게 만드는 것은 바로 보좌에 앉으신 그리스도의 모습이고, 그 그리스도에 대한 믿음입니다. 명령에 순종하지 말고 살아계시고 전능하신 영광의 주님께 순종하십시오. 그러면 주님께 대한 믿음이 여러분에게 하늘의 힘을 줄 것입니다.

이 말씀이 명령에 앞서 나왔고 그 명령 뒤에는 "볼지어다 내가 너희와 항상 함께 있으리라"는 말씀이 왔습니다. 우리에게 필요한 것은 보좌에 앉으신 그리스도, 그 영광스러운 모습뿐만 아니라 여기 이 땅에서 그의 지속적인 임재 가운데 우리를 위해 또 우리를 통해 친히 일하시는 그리스도도 필요합니다. 하늘에서는 그리스도의 능력, 땅에서는 그리스도의 임재, 이 중요한 두 약속들 사이에 그리스도께서 세상을 정복하기 위해 들어오시는 문이 있습니다. 우리 각 사람은 우리의 인도자를 따르며 그의 일에서 우리가 할 일에 대한 명령을 받고, 오직 주님의 뜻과 일만을 위해서 살겠다는 순종의 서약을 하는 일에 주저하지 맙시다.

그런 시작은 주님의 인도를 충분히 알고 따를 수 있도록 우리를 준비시키는 훈련 기간이 될 것입니다. 죽어가고 있는 수백만의 이교도들을 향한 주님의 간절한 부르심이 우리에게 임한다면, 우리는 언제든지 떠날 수 있을 것입니다. 만일 주님의 섭리가 우리에게 나가는 것을 허락하지 않는다면, 국내에서의 우리의 헌신은 해외로 나가는 것과 마찬가지로 온전하고 뜨거운 것이 될 것입니다. 주님을 섬기는 일이 국내에서 이루어지든 해외에서 이루어지든 간에 그 일이 순종하는 병사들, 순종의 종들, 죽기까지 섬기는 순종으로 채워지기만 한다면, 그리스도께서 마음의 소원하시는 바요 주님의 영광스러운 생각인 만민에게 복음을 전파하는 일이 영광스럽게 성취될 것입니다!

하나님의 아들을 찬송합시다! 제가 여기 있습니다. 저는 주님의 이 마지막 큰 명령을 수행하는 일에 주님의 은혜를 의지하여 제 생명을 드립니다. 제 마음이 주님의 마음 같게 하여 주옵소서. 제 약함이 주님의 힘으로 강하여지게 하여 주옵소서. 주님의 이름으로 온전하고 영원한 순종의 서약을 합니다. 아멘.

부록 1

아침 기도 시간에 대한 설명

다음은 존 모트(John R. Mott, 학생자원운동의 주역으로 노벨 평화상을 받은 미국의 선교동원가 – 역자주)의 연설에서 인용한 글이다.

아침 기도 시간을 지키는 것은 적어도 매일의 첫 30분을 홀로 하나님과 지내며 개인적으로 성경공부를 하고 기도하는데 할애하기 위한 것입니다.

자신들은 그런 영적 훈련에 30분을 온전히 다 바칠 수 있는 시간이 없다고 하는 그리스도인들이 있습니다. 아무리 바쁜 그리스도인들도 좀처럼 그런 변명을 하지 않고 거의 대체로 아침 기도 시간을 지키는 부류 가운데 있다는 것은 인상적인 일입니다. 이 계획을 정직하게 꾸준히 지키려고 하는 그리스도인은 누구나 한두 달만 지나면 그것이 시간을 가장 잘 사용하는 방법이고, 자신의 정규적인 일에 전혀 방해되지 않으며, 오히려 시간을 가장 지혜롭게 쓰게 만든다는 것을 깨달을 것입니다.

인도에서, 중국에서, 일본에서 수많은 학생들이 이 아침 기도 시간을 지키는데 동의하였습니다.

우리 각 사람에게 물어야 할 실제적인 질문은, 내가 이 아침 기도 시간을 지키지 말아야 할 이유가 있는가 하는 것입니다. 그리스도를 구주로 받아들이고 성령의 세례를 구한 다음에, 아침 기도 시간을 지키겠다는 굳은 결심을 하는 것만큼 우리 자신과 다른 사람들에게 유익을 가져다주는 행동은 없습니다.

언뜻 보아서는 이 마지막 문장이 너무 지나친 말처럼 보입니다. 그러나 이 주장이 함축하는 바를 잠시 생각해 보십시오.

이 주장이 의미하는 바는, 그리스도와 성령께 계속해서 순종하고 살 수 있는 길은 매일 하루가 시작되는 때 아주 분명하게 하나님을 만나고 하나님으로부터 거룩한 순종의 생활에 필요한 은혜를 받는 것밖에 없다는 깊은 확신입니다.

이 주장이 의미하는 바는, 일어나서 하늘에 계신 하나님과 친밀한 교제를 나누고 하나님으로부터 영적인 복들을 새롭게 받지 않고서 거룩한 생활을 하려고 하는 것이 어리석은 일이라고 보는 통찰입니다.

이 주장이 의미하는 바는, 우리가 하나님의 사랑을 받고 우리도 하나님을 사랑하며 하나님의 가까이 계심을 가장 큰 기쁨으로 삼는다는 증거를 받을 수 있는 것은 오직 하나님과 개인적으로 교제하고 하나님의 가까이 하심을 기뻐하는 데에만 있다는 고백입니다.

이 주장이 의미하는 바는, 하나님께 충분한 시간을 드려서 우리에게 손을 얹으시고 새롭게 성령을 부어주시도록 한다면, 우리 영혼이 하나님과 아주 단단히 연합되어서 어떤 시련이나 의무도 우리를 주님에게서 떼어낼 수 없다는 믿음입니다.

이 주장이 의미하는 바는, 전적으로 하나님만을 위해서 살고, 우리가 하루 종일 모든 복들 가운데 첫 번째 복인 하나님의 임재를 얻기 위해서는 어떤 대가도 기꺼이 치르겠다는 뜻을 증명하기 위해 기꺼이 시간과 편안함을 희생하겠다는 결심입니다.

다시 한 번 그 문장을 봅시다. "그리스도를 구주로 받아들이고 성령의 세례를 구한 다음에, 아침 기도 시간을 지키겠다는 굳은 결심을 하는 것만큼 우리 자신과 다른 사람들에게 유익을 가져다주는 행동은 없습니다."

우리가 전심으로 그리스도를 우리의 하나님이요 주인으로 받아들였다면, 성령께서 우리를 인도하고 통제하여 주시기를 진심으로 기도하였다면, 그리스도의 영광과 그를 섬기는 생활에 반드시 필요한 것을 받고 더 많이 받기 위해 매일 충분한 시간을, 우리의 최상의 시간을 하나님께 드리지 않겠다는 생각은 결코 할 수 없을 것입니다.

여러분은 그런 일에 10분이나 15분을 할애하는 것으로 만족하는 그리스도인들이 많다고 말합니다. 그런 그리스도인들이 있습니다. 그러나 여러분은 대체로 그런 사람들이 튼튼한 그리스도인이 아니라는 것을 확실히 알 것입니다. 학생자원운동의 지도자들은 무엇보다 하나님께서 전심으로 헌신한 청년 남녀를 만나서 훈련시켜 주시기를 구하였습니다. 그리스도께서는 제자들에게 큰 희생을 요구하셨습니다. 그리스도께서 어쩌면 아직까지 여러분에게 희생을 별로 요구하시지 않았을지 모릅니다.

그러나 이제 그리스도께서는 여러분에게 희생을 허락하고 요구하시며 몇 가지를 희생하기 바라십니다. 희생은 사람을 강하게 만듭니다. 희생은 우리를 세상과 자기를 기쁘게 하는 것에서 떼어내고 우리의 눈을 들어 하늘을 향하도록 돕는데 놀라운 힘을 발휘합니다. 아침 기도 시간을 30분 이하로 조금씩 줄이는 일을 하지 마십시오. 여기에 쓸 시간을 찾는 데는 아무 문제가 없습니다. 잠에서 10분을 줄이고, 교제나 오락에서 10분을 줄이며, 공부하는 데서 10분을 줄이면 됩니다. 마음이 바르면, 즉, 하나님과 하나님의 뜻을 온전히 알기를 간절히 바라면 지극히 쉬운 일입니다!

만약 여러분이 그렇게 많은 시간이 필요하다고 느끼지 않고 또 기다리는 법을 알지 못한다면 저는 여러분이 조용한 시간이나 기도 시간에 대해서 이야기하는 것으로 만족합니다. 후에 하나님께서 은혜를 베풀어 여러분이 아침 기도 시간을 갖게 하실 수 있습니다. 그러나 여러분이 희생을 하더라도 시간을 온전히 내어 하나님과 친밀한 교제를 갖겠다는 결심이 일어나지 않으면 아침 기도 시간을 갖지 마십시오. 하지만 그렇게 희생을 각오할 마음이 생긴다면 여러분에게 이 아침 시간을 가지라고 권합니다. 아침 기도 시간을 따로 내는 것 자체가 이런 생각을 하는데 도움이 될 수 있습니다. 즉, '나는 해야 할 큰 일이 있고, 그 일을 위해서 시간이 필요해'라고 말입니다.

또 그런 시간을 통해 이런 생각을 더욱 굳게 할 수 있습니다. 만일 내가 오늘 하루 종일 죄를 짓지 않도록 보호를 받으려면 하나님께 가까이 가는 시간을 가져야 한다고 말입니다. 이 아침 기도 시간에 성경을 읽고 조용히 그리고 겸손히 엎드려 성령의 조명(照明)을 구하고 하나님의 말씀을 통해서 여러분에 대한 하나님의 뜻을 확실히 이해할 때까지 기다리면 성경 말씀을 새롭게 깨닫게 될 것입니다. 그리고 하나님의 은혜로 그 시간은 여러분이 오늘날 교회에 절실히 필요한 중보 기도의 습관을 시작하도록 도울 수 있습니다.

학생 여러분, 여러분은 앞으로 여러분의 시간이 더 줄어들지, 여러분의 환경이 더 불리하게 될지, 그리스도인으로서 여러분의 열심이 더 약해질지 알지 못합니다. 지금이 우리에게 인정된 시간입니다. 성령께서 말씀하시는 대로 하자면 오늘이 그 시간입니다. 모든 나라에 있는 여러분의 형제들이 초대하는 목소리에 귀를 기울이십시오. 그리고 두려워하지 말고 매일 아침 적어도 30분간 홀로 하나님과 지내겠다고 굳게 결심하십시오.

부록 2

사람의 질문과 하나님의 답변

나는 하나님께 책임을 져야 합니까?

"우리 각 사람이 자기 일을 하나님께 직고하리라"(롬 14:12).

하나님은 내 모든 행동을 보셨습니까?

"지으신 것이 하나도 그 앞에 나타나지 않음이 없고 우리의 결산을 받으실 이의 눈 앞에 만물이 벌거벗은 것 같이 드러나느니라"(히 4:13).

하나님은 내게 죄의 책임을 지우십니까?

"성경이 모든 것을 죄 아래에 가두었느니라"(갈 3:22). "죄의 삯은 사망이요"(롬 6:23).

나는 멸망해야 합니까?

"오직 주께서는 너희를 대하여 오래 참으사 아무도 멸망하지 아니하고 다 회개하기에 이르기를 원하시느니라"(벧후 3:9).

내가 어떻게 피할 수 있습니까?

"주 예수를 믿으라 그리하면 네가 구원을 받으리라"(행 16:31).

그리스도는 나를 구원하실 수 있습니까?

"자기를 힘입어 하나님께 나아가는 자들을 온전히 구원하실 수 있느니라"(히 7:25).

그리스도는 나를 구원하시려고 합니까?

"그리스도 예수께서 죄인을 구원하시려고 세상에 임하셨다"(딤전 1:15).

나는 믿으면 구원을 받은 것입니까?

"아들을 믿는 자에게는 영생이 있느니라"(요 3:36).

나는 지금 구원받을 수 있습니까?

"보라 지금은 은혜 받을 만한 때요 보라 지금은 구원의 날이로다"(고후 6:2).

나 같은 자도 구원을 받을 수 있습니까?

"내게 오는 자는 내가 결코 내쫓지 아니하리라"(요 6:37).

나는 믿음을 배반하지 않을까요?

"능히 너희를 보호하사 거침이 없게 하시리라"(유 1:24).

내가 구원을 받는다면 어떻게 살아야 합니까?

"살아 있는 자들로 하여금 다시는 그들 자신을 위하여 살지 않고 오직 그들을 대신하여 죽었다가 다시 살아나신 이를 위하여 살게 하려 함이라"(고후 5:15).

죽음과 영원은 어떻게 됩니까?

"내가 너희를 위하여 거처를 예비하러 가노니 …… 나 있는 곳에 너희도 있게 하리라"(요 14:2-3).

세계기독교고전 목록